개정증보판

경제는
내 친구

세상에서 가장 재미있는 경제 이야기

개정증보판

경제는
내 친구

정광재·박경순 지음

유아이북스

작가의 말

아이들이 커가면서 부쩍 질문이 많아졌습니다. 예전에는 설명을 해줘도 듣는 둥 마는 둥 하는 경우가 대부분이었지만, 언제부턴가 궁금한 게 있으면 질문을 쏟아냅니다. 아는 게 많아질수록 궁금한 게 더 많아지는 건 배움의 또 다른 즐거움일 겁니다.

그러다 우리 아이들은 물론 또래의 다른 친구들도 비슷한 호기심을 갖고 있을 거란 생각이 들었습니다. 그래서 얕은 지식이나마 용기를 내 이 책을 내게 되었습니다.

책을 써보자고 결심했을 때, 정말 좋은 결과물을 내놓을 수 있을 것 같았습니다. 오랜 기간 글 쓰는 일을 직업으로 해왔고, 방송을 통해 어려운 사안도 쉽게 설명할 수 있는 노하우를 어느 정도 쌓았다고 생각했기 때문입니다. 하지만, 한 장 한 장 진도를 나갈수록 아이들을 대상으로 경제 이야기를 풀어 나간다는 게 쉽지 않은 일이라는 사실을 절감했습니다. 그럴 때마다 "누군가는 꼭 해야 할 일이

다"라는 주문과 함께 스스로를 다그쳤고, 어렵게 원고를 마감할 수 있었습니다.

아이들이 책을 손에 잡았을 때, 어렵지 않게 이해할 수 있는 경제 입문서를 쓰고 싶었습니다. 원고를 쓰면서도 '가능한 쉽게 쓰자'고 다짐하고 또 다짐하며 노트북 자판을 두드렸습니다. 하지만, 쉬운 일은 아니었습니다. 누군가의 이름이 어렵다고, 그 이름을 쉬운 이름으로 고쳐 마음대로 부를 수 없는 것처럼 이미 어려운 경제 용어를 제멋대로 바꿔 쓸 수는 없는 노릇이니까요. 처음 용어를 접하는 아이들이 생소한 용어로 인해 다소 어려움을 겪을 수 있지만, 자세한 설명을 붙이는 방식으로 보완하도록 노력했습니다. 또 누구나 한 번쯤 고민해 봤음직한 문제들로 글을 풀어 나간 만큼, 여러분들이 흥미를 갖고 이 책을 읽어 나갈 수 있기를 기대해 봅니다. 이 책이 대한민국의 미래를 책임질 우리 아이들에게 건전한 경제 상식을 갖도록 돕는 좋은 나침반이 됐으면 하는 바람입니다.

바람이 있다면, 이 책이 부모님과 아이들이 함께 읽으며 즐겁게 대화할 수 있는 재료가 되었으면 합니다. 각 장에서 소개하는 주제를 소재로, 아이들은 자신의 생각을 정리해 보고 부모님은 아이들과 토론을 통해 아이들이 성장하는 모습을 지켜볼 수 있을 것입니다. 특별히 마련한 '부모님과 함께 생각해 보세요' 코너는 대화가 부족한 부모님과 아이들에게 좋은 대화 주제가 될 것으로 기대합니다. 스마트폰과 게임, TV에 빠져 있는 아이들에게 독서의 즐거움을 일깨우고, 거대한 세상을 움직이는 경제 원리를 깨우치는 계기가 된다면, 글을 쓴 저희들에게는 큰 보람이 될 것입니다.

마지막으로 이 책의 첫 독자가 되어 준, 사랑하는 아들 석완과 딸 서윤에게 사랑과 감사의 마음을 전합니다. 석완, 서윤이가 이 책을 읽을 여러 독자들처럼 다른 사람을 존중하고 배려하는 지혜로운 아이로 자라기를 기도해 봅니다. 바쁘고 피곤하다는 이유로 많은 시간을 함께해 주지 못한 아쉬움은 "사랑한다"는 말로 대신하려 합니다.

지은이 정광재, 박경순

한때 아이스크림은 벨기에 궁전에서 일부 귀족만 즐길 수 있었던 시절이 있었습니다. 하지만 지금은 대부분의 사람들이 아이스크림 뿐 아니라, 훨씬 더 귀했던 음식도 어렵지 않게 맛볼 수 있게 됐습니다. 경제의 발전이 우리에게 가져다준 '축복'이라고 할 수 있습니다.

하지만 요즘 들어 "우리 경제가 어렵다"는 말을 자주 합니다. 돌이켜 보면 "경제가 좋다"는 평가를 받았던 시기가 거의 없지 않았나 싶기도 하지만, 최근의 경제 환경은 정말 심각합니다. 세계 경제는 유래 없는 저성장의 터널을 지나고 있고, 우리의 상황도 크게 다르지 않습니다.

소비와 투자 같은 경제 성장 동력은 약해지고 있고, 당장 우리 경제를 책임진 15~64세 사이의 '생산가능 인구'가 줄어드는 시대가 눈앞에 왔습니다. 우리 경제 성장의 한 축을 담당했던 수출 역시, 세계 주요 국가들이 보호무역 조치를 확대하면서 어려움을 겪고 있습니다. 그동안 경험해 보지 못한 인구 감소와 세계 교역 둔화는 우리 경제에 새로운 도전이 되고 있습니다.

하지만 준비하는 사람들에게 이런 도전은 어려운 과제가 아닙니다. 그런 의미에서 새로운 시대의 주역이 될 우리 청소년들이 경제현상을 제대로 이해하고, 올바른 경제관념을 갖게 하는 건 무엇보다 중요하다고 하겠습니다. 새 시대의 주역이라고 할 수 있는 청소년이 제대로 된 경제 교육을 통해 경제관념을 확립하고, 변화에 대비하는 능력을 갖추는 건 개인의 행복뿐 아니라 국가 미래 성장 동력을 키워가는 데 있어서도 매우 중요한 일입니다.

요즘 청소년들은 경제를 재미없고, 학술적이며 무척이나 어려운 전문 영역으로 생각하곤 합니다. 이런 현실에서 여러 분야의 취재 현장을 누벼 온 정광재 기자와 은행원으로 활약해 온 박경순 과장은 이 책을 통해 아이들이 평소 궁금해 했던 경제 문제들을 알찬 이야기로 풀어냈습니다.

짜장면을 먹을지 짬뽕을 먹을지 고민하는 아들의 모습에서, 좋아하는 과자를 묶어서 팔 때 가격이 싸지는 이유를 궁금해하는 딸의 모습에서, 숨어 있는 경제 원리를 발견하고 흥미롭게 설명하고 있습니다. 개미와 베짱이, 이카루스 이야기, 허생전 등 재밌는 옛이야기에 숨은 경제 원리를 읽으며 자연스레 경제 교육이 이뤄질 수 있도록 구성한 것도 장점입니다. '부모님과 함께 생각해 보세요' 코너는 청소

년뿐 아니라 부모님이 아이들과 함께 경제 문제를 고민하고 대화할
수 있게 하는 소통의 창이 되고 있습니다.

이 책이 아이들이 어렵게만 느꼈던 경제에 대해 한 걸음 더 쉽게
다가설 수 있는 기회를 제공할 것으로 생각합니다. 올바른 경제관
념과 습관이야말로 아이의 미래를 책임지게 마련이죠. 이 책을 읽고
자란 청소년들이 우리 경제의 미래를 책임질 훌륭한 청년들로 성장
하기를 기대합니다.

전 경제부총리 겸 기획재정부장관 유일호

1

짜장이냐
짬뽕이냐
그것이 문제로다

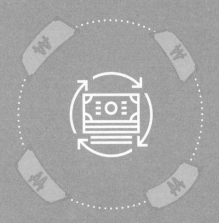

짜장면이냐 짬뽕이냐 ____

사람들이 돈을 빌려 아파트를 사는 이유는? ____

　오늘은 석완이네 반 반장 상철이의 생일. 축구도 잘하고 공부도 잘하는 상철이는 석완이의 단짝 친구입니다.

　상철이가 생일 파티를 열어 집으로 친구들을 초대했어요. 마음씨 착한 민서, 말괄량이 현수, 게임왕 태화, 얼짱 준영이를 포함해 모두 여덟 명이 상철이 집에 온다네요.

　요즘 들어 부쩍 눈길이 가는 지은이가 온다는데 그냥 갈 수 있나요? 석완이는 아버지가 바르시곤 하는 왁스를 머리에 잔뜩 묻혀 머리에 힘을 주고, 몇 번이나 거울을 본 뒤에야 상철이 집으로 향했습니다.

　이런, 늦지 않게 간다는 게 벌써 친구들이 다 도착한 뒤네요. '조금 일찍 와서 지은이 옆자리에 앉았어야 했는데….' 뒤늦은 후회가 밀려옵니다.

　"엄마가 중국집에서 탕수육하고 짜장면하고 짬뽕을 시켜 먹으라 하셨으니까…. 자, 짜장면 먹을 사람?"

상철이의 말에 친구들이 모두 손을 번쩍 들었습니다.

"나." "나도." "난 짜장 곱빼기."

"아, 아니다. 난 짬뽕으로 바꿀래." "어, 그래? 나도 짬뽕이 좋겠어."

"아, 아냐. 짜장면이 나을 것 같아. 난 짜장면."

정확히 메뉴를 정하는 친구가 있는 반면, 쉽게 결정을 내리지 못하는 친구도 여럿 보이네요. 석완이도 짜장면을 시킬지 짬뽕을 시킬지 고민입니다. 짜장면을 시키면 매콤한 국물의 짬뽕을, 짬뽕을 시키면 달콤한 짜장 소스와 쫄깃한 면을 포기해야 하니, 어떤 걸 시키면 좋을까요?

그러다 석완이는 이런 생각이 들었습니다.

'지은이가 짬뽕을 시키고 내가 짜장면을 시켜서 나눠 먹으면 정말 좋을 텐데….'

집 나귀와 야생 나귀

여러분, '이솝우화' 읽어 보았나요?

이솝우화에는 정말 많은 이야기들이 있지요. 이번에 들려줄 이야기는 집 나귀와 야생 나귀 이야기입니다. 자유롭게 들판과

산을 뛰어다니는 야생 나귀. 하루는 배가 고파 마을 주변을 돌아다니다가, 우연히 부잣집 마당에 살고 있는 집 나귀를 보게 되었습니다. 집 나귀는 먹음직스러운 콩이 가득한 여물통 옆에 편히 앉아 쉬고 있었어요. 건초더미 옆에는 야생 나귀가 그토록 먹고 싶던 홍당무도 한 더미 쌓여 있었습니다. 야생 나귀는 집 나귀에게 이렇게 말했습니다.

"정말 부럽구나. 나도 저렇게 주인이 챙겨 주는 먹이나 먹으며 편하게 살 수 있으면 얼마나 좋을까. 밤이슬을 피할 수 있는 마구간은 또 얼마나 좋고. 집 나귀야, 난 네가 정말 부러워."

그러자 집 나귀는 한숨을 쉬었습니다. 남의 속도 몰라주는 야생 나귀를 부러운 눈으로 보면서 말이죠.

"난 네가 더 부러운걸. 너는 네가 가고 싶은 곳이라면 어디든 갈 수 있고, 무거운 짐 따위를 싣고 다닐 일이 없잖니. 조금만 늦어봐라. 주인이 내리치는 채찍은 얼마나 아픈지 알기나 하니? 또, 조금만 게으름을 피운다 치면, 목줄을 잡아당기는 바람에 한시도 긴장하지 않을 수 없어."

그제야 야생 나귀는 정신이 번쩍 들었습니다. 맛있게 보이는 건초더미와 홍당무 뒤에 숨겨진 가죽 채찍과 무거운 짐 더미들이 눈에 들어온 거죠. 편안해 보이는 마구간은 또 얼마나 좁고 답답해 보이던지요.

이렇듯 어떤 것을 얻으려면 다른 하나를 포기해야 하는 일이 종종 일어납니다. 집 나귀가 집과 먹이를 위해 자유를 포기하고, 야생 나귀가 자유를 위해 집과 먹이를 포기했듯 말입니다. 그렇다면 우리는 어떤 기준으로 무언가를 선택해야 할까요?

기회비용(Opportunity Cost)

편안한 마구간, 맛있는 건초더미와 홍당무를 얻으려면 야생 나귀는 열심히 일을 해야 합니다. 반대로 집 나귀는 자유를 얻고 싶다면 주인이 주는 마구간과 건초더미를 포기해야 합니다.

이렇듯 여러 가지를 동시에 선택할 수 없을 때, 어느 선택으로 포기해야 하는 다른 것의 가치, 즉 포기한 것의 가치를 경제학에서는 '기회비용'이라고 합니다. '기회opportunity'를 포기함으로써 발생하는 '비용cost'이라는 뜻에서 기회비용이라는 이름이 붙은 것이죠. 짜장면을 선택했을 때 포기해야 하는 짬뽕, 짬뽕을 선택했을 때 포기해야 하는 짜장면은 서로에 대한 기회비용이라고 할 수 있습니다.

기회비용은 사회에서 사람들의 선택 기준으로써 쓰입니다. 경제학에서는 기회비용을 예상하여 모든 경제학 이론을 풀어갑니다. 혹시 몇몇 사람들이 이해 못할 결정을 내리더라도, 대부분의 사람들은 자신에게 유리한 선택을 합니다. 예외의 경우가 나와도 그것은 예외일 뿐, 평균은 크게 달라지지 않습니다. 예를 들어, 수학 시험에서 50점 맞는 친구도 있고 100점 맞는 친구도 있지만, 평균이 75점이라면 선생님이 75점에 맞춰 수업을 진행하시는 것과 마찬가지입니다.

사람들은 모두 기회비용을 기준으로 삼아 선택을 합니다. 짜장면을 시킨 지은이는 짬뽕이 너무 맵다고 생각했고, 짬뽕을 시킨 상철이는 짜장면은 국물이 없어 짬뽕이 좋을 거라고 보고 선택하였습니다. 결국 지은이는 짜장면을 먹을 때, 상철이는 짬뽕을 먹을 때에 만족도, 즉 효용이 더 높을 것이라고 본 것이죠. 물론, 좋아하고 싫어하는 마음, 즉 '기호'도 작용했겠지만, 여기서는 효용의 관점에서 설명하도록 하겠습니다.

할아버지의 선택은?

세상 사람들은 누구나 매일매일 선택의 기로에 서게 됩니다. 이해를 돕기 위해, 시골에 계신 석완이 할아버지의 기회비용과 선택에 대해 한번 알아볼까요?

할아버지는 2000제곱미터(m^2)의 밭에 배추를 심을까 무를 심을까 고민하다, 결국 배추를 심었습니다. 땅이 넓지 않으니 무와 배추를 한꺼번에 심기는 어려웠지요. 할아버지가 배추를 심기로 한 이유는 간단합니다. 마을 사람들이 너도나도 무를 많이 심었기 때문이죠. 할아버지는 그러면 자연스레 무가 많아져 여름에 무를 팔아도 500만 원밖에 안 될 거라고 생각했습니다. 그런데 만약 배추를 심으면, 다른 사람들은 많이 심지 않았으니 배추의 양이 적어 배추값을 적어도 700만 원 넘게 받을 수 있을 거라 판단한 것이죠. 따라서 200만 원 이상 더 벌 수 있는 배추를 심는 게 할아버지에게는 훨씬 유리합니다.

기회비용으로 계산해 보면, 무의 기회비용은 700만 원입니다. 무를 심을 경우 배추를 심을 수 없어 배추값 700만 원을 포기해야 하기 때문이죠. 반대로 배추를 심었을 때, 무를 심을 수 없으니 무값 500만 원은 포기해야만 합니다. 이때 배추의 기회비용은 500만 원입니다. 선택을 할 때는 기회비용, 즉 포기해야만 하는 비용이 적은 쪽을 택해야 합니다. 배추의 기회비용이 500만 원, 무의 기회비용이 700만 원이라고 했을 때, 당연히 기회비용이 적은 배추를 심어야겠죠? 할아버지가 괜히 배추를 심은 게 아니었네요. 이처럼 선택을 내릴 때에는 기회비용이 적은 쪽을 골라야 합니다.

우리 집이 돈을 빌려 아파트를 산 이유는?

이번에는 기회비용이 우리 집에 어떤 영향을 미치는지 알아볼까요? 민수네는 최근까지 전세로 집을 살다가 아파트를 새로 사서 이사했습니다. 민수네는 집을 살 때 돈이 조금 부족해 은행에서 2억 원의 돈을 대출받았는데요, 돈을 빌려준 대가로 은행은 이자(대출금리)를 받았습니다. 요즘 아파트를 담보로 대출을 받으면 연 5%대의 금리가 적용됩니다. 코로나바이러스가 한창일 때 미국을 중심으로 여러 나라가 경기 활성화를 위해 돈을 많이 풀면서 물가가 빠르게 올랐고, 이를 잡기 위해 금리를 많이 올렸기 때문이죠. 3~4년 전에는 3%대의 낮은 이자율로도 돈을 빌릴 수 있었지만, 기준금리가 오르면서 대출이자율도 높아졌습니다.

담보란 은행 등에서 빌려준 돈을 제때 돌려받지 못했을 경우를 대비해 집이나 자동차 등 고가의 물건을 맡아 두는 것을 말합니다. 2억 원의 대출 금액에 대해 5%의 금리를 적용할 때, 1년이면 1000만 원의 이자를 은행에 내야 합니다.

만약 2억 원을 대출받지 않았다면 1000만 원의 이자를 내지 않았어도 되니까, 일단 2억 원에 대한 기회비용은 1000만 원이라고 할 수 있습니다.

그런데 만약 2억 원을 대출받아 집을 사지 않고, 주식이나 사업에 투자했다면 돈을 더 벌 수도 있었겠죠. 이렇게 생각하면 2억 원에 대한 기회비용은 더 커집니다. 집을 사서 투자하지 못했으니, 투자로 벌 수 있었을 돈을 생각해야 하는 것입니다. 예를 들어, 2억 원을 주식이나 사업에 투자해서 투자 금액의 10%를 벌 수 있었다고 가정하면, 이자비용 1000만 원과 2억 원의 10%인 2000만 원이 더해져 기회비용이 3000만 원이 되는 것입니다. 물론, 투자로 손해를 볼 수도 있으니 3000만 원을 완전한 기회비용으로 보기는 어렵습니다. 예를 든 것으로 생각하기 바랍니다.

그렇다면, 민수네 부모님은 왜 연간 3000만 원에 달하는 기회비용을 부담해 가면서까지 집을 사기로 한 걸까요? 왜냐하면 민수네 부모님은 집을 산 것이 3000만 원의 기회비용보다 더 가치 있다고 생각했기 때문입니다. 집을 사고파는 것을 떠나 부모님은 '내 집'이라는 가치를 가장 소중하게 여겼던 게 아닐까요?

묵어가 '도루묵'이 된 까닭은?

1636년. 당시 중국 대륙을 통일한 청나라가 조선을 침공했습니다. 이 전쟁은 당시 1636년을 병자丙子년이라고 불렀기에 '병자호란'으로 알려졌습니다.

당시 조선의 왕실은 한양을 떠나 현재 경기도 광주의 남한산성으로 피란길에 올랐고, 오랜 기간 그곳에 갇혀 지낼 수밖에 없었습니다. 피란을 떠난 터라 모든 것이 부족했습니다. 임금이라고 해도 먹을 것 하나 변변치 않았고, 평소라면 거들떠보지도 않았던 음식으로 요기를 해결해야 했죠.

때마침 인조 임금은 생선을 몹시 먹고 싶어 했는데, 신하 몇몇이 어렵사리 포위를 뚫고 나가 '묵'이라는 이름의 생선을 구해왔습니다. 오랫동안 생선 구경을 못했던 인조 임금은 초라한 수라상 위에 올라온 생선을 한 점 집어 들었습니다. '시장이 반찬'이라는 말처럼 생선이 그렇게 맛있을 수가 없었죠.

"아니, 이렇게 맛있는 생선이 있었는가? 이 생선 이름이 무엇이냐?"

"묵이라 하옵니다."

"묵? 이렇게 맛있고 모양도 좋은 생선 이름 치고는 너무 보잘것없구나. 그럴듯한 이름이 하나 필요하겠구나."

이렇게 해서 '묵'이라는 이름의 생선이 인조 임금의 뜻에 따라 '은어'가 됐습니다. 은백색의 배를 가졌다 해서 붙여진 이름인데요. 신하들은 한층 더 멋들어지게 임금을 기쁘게 한 아름다운 물고기라는 뜻으로 '충미어忠美魚'로 부르기도 했습니다.

　병자호란이 끝나고 청나라 군대가 물러가자 다시 한양 대궐로 돌아온 인조 임금. 인조는 남한산성에서 먹었던 그 '묵'의 맛을 잊을 수가 없어 신하로 하여금 묵 요리를 준비하게 했습니다.

　그러나 화려한 수라상에 올라온 '묵'의 맛은 도통 그때 그 맛이 아니었습니다. 도저히 아무런 맛도 느껴지지 않아, 인조 임금은 한 점 먹고는 다시 젓가락을 대지 않았습니다.

　"이게 정말 내가 그토록 맛있게 먹었던 생선이란 말이냐? 정말 맛없는 생선이로구나. 이 생선의 이름을 도로(다시) '묵'이라고 하거라!"

　즉, 오늘날 도루묵이라고 불리는 물고기는 도로 묵이 된 까닭에 이러한 이름을 갖게 된 것이죠.

　이렇듯 같은 것이라 하더라도 상황과 사람에 따라 '효용', 즉 가치는 다를 수밖에 없습니다. 곤궁한 처지에 있던 인조 임금에게는 산해진미였던 묵이 풍요로운 현실로 돌아와서는 맛없는 생선으로 전락한 이유가 여기에 있습니다.

한계효용 체감의 법칙

　재화(물건)나 서비스의 효용(만족도)은 해당 제품이나 서비스에 대한 소비가 늘어날수록 점차 줄어듭니다. 이를 경제학에서는 '한계효용 체감의 법칙'이라고 하는데, 이 법칙은 효용과 만족을 설명하는 가장 기본적인 개념입니다.

　예를 들어, 배가 아주 고플 때 먹는 빵 하나가 주는 효용(만족도)이 100이라고 했을 때, 두 번째 먹는 빵의 효용은 80, 세 번째 먹는 빵의 효용은 50으로 줄어듭니다. 만약 배불러 죽겠는데 억지로 빵을 먹으면, 오히려 마이너스의 효용을 가질 수도 있습니다. 인조 임금이 느낀 도루묵 맛의 차이가 이러한 법칙에 따른 것일지도 모릅니다.

　한계효용 체감의 법칙은 재화나 서비스에만 한정되어 있지만은 않습니다. 추억, 경험, 기억에도 법칙이 적용될 수 있습니다. 가령 첫사랑, 첫 해외여행, 첫 키스 등에 대한 기억은 뚜렷이 남지만 다섯 번째 사랑, 다섯 번째 해외여행은 기억에서 훨씬 쉽게 지워지게 마련입니다.

석완이는 이번 주말 친구들과 놀이공원에 가기로 했습니다. 그런데 친구 상철이가 놀이공원보다 새로 나온 3D 영화를 보러 가는 게 어떠냐고 하네요. 놀이공원은 가기 힘들고 입장료도 비싸지만, 영화관은 가깝고 또 티켓 가격도 훨씬 싸다고요. 고민에 빠진 석완이는 과연 어떤 선택을 할까요?

2

인센티브, 세상을 움직이는 힘

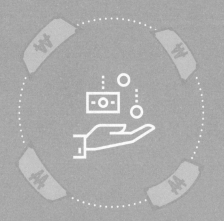

말에게 채찍과 당근이 주는 의미 _____

남한이 북한보다 잘사는 비결은? _____

시험을 코앞에 둔 서윤이는 아주 태평합니다. 긴장은커녕 시험 뒤에 찾아올 여름방학에만 관심이네요. "공부 좀 해야 하지 않겠니?"라는 엄마의 말은 100번도 넘었을 겁니다. 슬슬 엄마가 짜증을 내기 시작하네요.

"서윤이 너는 누구를 닮아서 그렇게 말을 안 듣니? 엄마는 어려서 안 그랬는데, 너 아무래도 아빠를 많이 닮은 것 같아!"

엄마의 말에 아빠가 입을 열었습니다.

"아니, 왜 가만히 있는 나를 끌어들이는 거지. 나도 아냐. 서윤아, 아빠 별명이 뭐였는지 아니? 모르는 게 없다고 해서 '만물박사'였다고…. 허허."

"당신, 그렇게 실없는 농담만 하지 말고 서윤이 공부 좀 봐 줘요. 시험이 내일모레인데, 저렇게 TV만 보고 있다니까요."

부모님의 커진 목소리에 눈치를 살피던 서윤이가 꼬리를 내리고 방으로 들어갑니다. 책상 앞에 앉아 책을 펴려는 순간, 아빠가 방문을 열고 들어오네요.

"서윤아, 학생의 본분이 뭔지 아니. 학생은 배우는 學 사람生이란 뜻이야. 매일 그렇게 열심히 하란 것도 아니고, 이제 시험도 얼마 남지 않았다며?"

"그거야 알지만⋯. TV 조금만 더 보고 하려고 했어요."

아빠는 풀이 죽은 서윤이에게 한 가지 제안을 합니다.

"아빠도 네 맘을 모르는 건 아니란다. 그럼 우리 이렇게 하는 건 어떨까? 네가 이번 시험에서 평균 95점을 맞으면 용돈을 두 배로 올려줄게."

"에이, 처음부터 목표를 높게 잡으면 어떡해요? 그럼 열심히 해도 안 되잖아요."

"그래? 그럼 이렇게 하자. 네가 양심적으로, 목표로 하는 점수를 아빠한테 말하고, 그리고 그 점수를 넘으면 아빠가 용돈을 두 배로 주는 거야. 어때?"

"평균 90점으로 해요. 이번 시험에 90점을 넘으면, 아빠 꼭 약속 지켜야 해요."

"그럼, 지키고말고. 열심히 해서 목표로 한 점수를 넘겨보렴. 아빠도 약속은 꼭 지킬 테니까."

서윤이는 다행히 공부할 기운이 솟아난 것 같네요.

"알았어요. 이제부터라도 부지런히 공부해야겠어요. 이제 나가 주세요. 공부해야 하거든요. 하하."

채찍과 당근

'채찍과 당근'이라는 말 들어봤나요? 말을 키우고 훈련시킬 때, 때로는 '채찍'으로 엄하게 다스리다가도, 적절한 보상과 칭찬인 '당근'도 필요하다는 의미입니다. 이 '채찍과 당근'이라는 말은 우리 사회에서 비유로써 널리 쓰이고 있습니다.

어느 마부가 일 잘하기로 소문난 말 한 마리를 시장에서 사 왔습니다. 그런데 장사꾼의 말과 달리 말은 새 주인인 마부를 도통 따르지 않았습니다. 다른 말들은 채찍 한두 번이면 주인 말을 고분고분 듣게 마련이었는데, 웬일인지 이 말은 채찍질이 모질어질수록 발길질만 세지는 것이었습니다. 마부는 분통을 터뜨릴 수밖에 없었습니다.

머리끝까지 화가 난 마부는 장사꾼에게 말을 바꿔달라고 하였습니다. 그러자 장사꾼은 마부에게 "절대 그런 말이 아니다"라고 말하며, 말에게 당근 두어 개를 물려주고는 조련을 시작했습니다. 그러자 그 말은 언제 그랬냐는 듯, 장사꾼의 지시에 맞춰 부지런히 달리고, 또 달렸습니다. 결국 말을 움직인 건 무서운 '채찍'이 아니라, 맛있는 '당근'이었던 셈이죠.

찬 바람과 태양이 나그네의 옷을 벗기려고 내기를 했다가 결국 태양이 이겼다는 동화의 교훈도 이와 비슷합니다. 찬 바람이 나그네의 옷을 벗기려 더욱더 바람을 몰아칠수록, 나그네는 옷깃을 더욱 여몄지만, 따뜻한 햇볕을 쬐자 스스로 옷을 벗은 것처럼 말이죠.

성과와 보상

말에게 당근은 더 열심히 일하게 하는 '동기'이자 '보상'인 셈입니다. 서윤이 아빠가 서윤이에게 시험을 잘 보면 용돈을 두 배로 올려주겠다고 한 것 역시 서윤이에게는 공부를 더 열심히 하도록 만드는 동기이자, 결과를 이뤘을 때 받는 보상이 되는 것이죠. 사람들은 어떤 목표에 대한 보상이 주어지면, 그 목표를 이루려고 더 많이 노력하는 경향을 보입니다.

올림픽에서 금메달을 따면 부와 명예가 주어집니다. 이런 부와 명예는 올림픽에 참가하는 선수들에게 동기와 보상이 됩니다. 물론, 금메달을 따기 위해 노력하는 과정에서 얻는 성취감도 무시할 수는 없는 보상입니다. 서윤이에게는 용돈을 올려 받는 것도 일종의 보상이지만, 시험을 잘 봤을 때 돌아오는 부모님과 선생님의 칭찬, 목표를 달성했을 때 가지는 자신감과 성취감도 모두 보상이라 할 수 있죠. 아무튼 서윤이는 이 '보상'을 받기 위해 더 열심히 공부할 '동기'를 얻은 셈입니다.

이렇듯 '인센티브Incentive'는 어떤 바람직한 행동을 하도록 유도하는 자극과 이에 대한 보상을 말합니다. 회사에서는 이런 인센티브를 이용해 여러분의 아버지와 어머니가 더 열심히 회사 일을 하도록 유도하기도 하는데요, 바로 성과급으로 불리는 '보너스'입니다.

성과급은 목표로 했던 일을 초과 달성했을 때, 월급과는 별도로 받게 되는 보너스입니다. 100만 원만큼의 일을 했을 때 100만 원이라는 월급을 받는 사람이, 더 열심히 노력해서 150만 원어치의 일을 했다고 가정해 봅시다. 이때 추가로 이뤄낸 50만 원의 가치에 대해서 회사가 모든 성과를 가져간다면, 그 사람은 더 이상 열심히 일할 이유가 있을까요? 힘들여 더 열심히 일해도 100만 원을, 열심히 일하지 않아도 100만 원을 받게 된다면, 열심히 일할 까닭이 없어지겠죠.

이때 회사가 추가로 번 50만 원을 모두 가져가지 않고, 추가로 성과를 이뤄낸 사람에게 25만 원만큼의 이익을 나눠주기로 한다면, 그 사람에게는 더 열심히 일할 충분한 동기가 생기게 됩니다. 열심히 일해서 25만 원만큼의 보상을 받고 싶어 하는 거죠. 만약 25만 원이 아니라 40만 원의 보상을 주기로 했다면 더 열심히 일할 수도 있겠죠. 실제로 많은 회사들이 이런 인센

티브 제도를 이용해 회사원들이 더 열심히 일할 수 있는 장치
를 만들어 놓고 있습니다.

인센티브는 교육보다 효과적이다

　인센티브는 경제생활에서 중요한 역할을 할 뿐 아니라, 기
대 이상의 성과를 만들어 냅니다. 특히 개인은 인센티브에 민
감하게 반응하는데, 개인이 변화하면 기업, 국가, 사회의 변화
가 시작된다는 점에서 인센티브는 사회를 움직이는 중요한 요
인 가운데 하나라고 할 수 있습니다.

　인센티브가 어떤 변화를 가져오는지 잘 보여주는 예로 미국
자동차 회사 포드Ford의 이야기가 있습니다. 포드는 당시 수공
업 형태이던 자동차 생산 시스템을 '컨베이어 벨트'를 이용해
현대적 방식으로 바꾼 회사로 유명합니다. 이를 통해 자동차

제조비용을 획기적으로 낮췄고, 자동차 판매 가격도 내릴 수 있었습니다. 이후 일부 부유층만 살 수 있던 자동차가 미국 중산층이 살 수 있을 만큼 가격이 낮아지면서, 미국인 전체의 생활 방식이 달라졌습니다.

포드는 컨베이어 벨트 시스템을 도입하면서 목표로 했던 자동차 생산 대수를 채울 경우 근로자들의 임금을 두 배 높게 올려주기로 했습니다. 기업이 이익을 내기 위해서는 임금과 같은 비용을 최소화하는 게 기본인데, 오히려 근로자 임금을 두 배나 올려주기로 한 거죠. 사람들은 이런 포드의 결정을 이해할 수 없었지만, 오래 지나지 않아 성과들이 나타나기 시작했습니다. 똑같은 사람들이 공장에서 일하는데도, 생산 대수가 두 배로 늘어난 것이죠. 이렇게 늘어난 자동차를 팔면서 포드의 이익은 더 많아졌고, 근로자들의 임금을 올려줄 수 있었습니다. 임금이 오른 근로자들은 더 부지런히 일했고, 많은 임금을 준다는 소식에 다른 공장에 있던 근로자들까지 포드 공장에서 일하려고 줄을 섰습니다.

이런 결과를 두고 포드는 의미심장한 말 한마디를 남겼습니다. "인센티브는 교육보다 효과적이다." 근로자들에게 백번 열심히 일하고, 어떻게 하면 업무를 효과적으로 할 수 있는지 교육하는 것보다 당장 현실적인 보상, 즉 인센티브를 줄 때 효율적으로 일하게 된다는 것이죠. 물론 인센티브 효과가 언제까지나 유효한 건 아닙니다. 일정 수준 이상에 도달하게 되면, 인센티브의 효과는 조금씩 줄어들 수도 있고, 근로자 자신의 동기부여가 더 중요한 역할을 할 수도 있습니다.

소득 3만 달러의 한국 vs 1400달러의 북한

남한과 북한의 경제력 차이는 2021년 기준, 무려 57배가 넘습니다. 우리나라의 연간 경제 규모는 2094조 원에 달하는 데 비해, 북한은 36조 3000억 원 수준 밖에는 되지 않습니다. 북한 전체의 경제 규모라고 해봤자, 우리나라 광주광역시(인구 145만 명) 한 곳 크기 정도입니다.

경제 전문가들은 북한의 경제 규모가 세계 최빈국 수준인 우간다와 예멘, 잠비아 등과 비슷할 것으로 보고 있습니다.

우리나라의 1인당 국민총소득GNI은 계속해서 상승세를 보이며 2016년 이후 3678만 원에서 2021년 4048만 원까지 올랐습니다. 하지만 북한은 오히려 150만 원 대를 기록했던 소득이 142만 원까지 줄어 차이가 28배 이상으로 벌어졌습니다. 경제 규모 차이가 57배인데 1인당 국민소득 차이가 그보다 작은 이유는 우리나라의 인구가 5174만 명으로, 2548만 명인 북한보다 두 배 이상 많기 때문입니다.

나라의 힘 국력을 보여 주는 각종 지표에서도 남한과 북한은 큰 차이를 보였는데요. 대외 교역규모는 남한이 1조 2594억 달러로 7억 1000만 달러인 북한보다 무려 1765배나 컸습니다.

그 나라 제조업의 수준을 보여 주는 상징적인 지표라고 할 수 있는 자동차 생산량에서도, 우리나라는 연간 346만 대를 생산해 세계 5위를 기록하고 있습니다. 2018년 세계 7위로 하락한 적도 있지만, 이후 다른 주요 생산국의 자동차 생산량이 우리나라보다 더 빠르게 감소하면서 2019년 이후 5위를 유지하고 있습니다. 우리나라보다 자동차를 더 많이 생산하는 나라는 중국과 미국, 일본, 인도까지 4개 나라에 불과할 뿐 아니라, 자동차 하면 떠오르는 유럽의 경제 강국 독일은 세계 6위를 기록하고 있습니다. 반면, 북한은 연간 4000대 정도의 자동차 밖에는 만들지 못하고 있죠. 북한의 도로 사정 역시 열악해서 총연장 길이가 2만 6196킬로미터로 남한 11만 1314킬로미터와 비교하면 4분의 1도 되지 않는 수준입니다. 김정은 북한 국무위

남북 경제지표 비교 2021년 기준　　　　　　　　　　　　　■ 남한　■ 북한

1인당 국민총소득(GNI)	대외 교역규모
4048만 원 / 142만 원	1조 2594억 달러 / 7억 1000만 달러
자동차 생산량	도로 총연장
346만 대 / 4000대	11만 1314킬로미터 / 2만 6196킬로미터

〈자료: 한국은행〉

원장이 문재인 전 대통령을 평양으로 초대하는 자리에서 "아시다시피 우리는 도로 사정이 안 좋으니 비행기로 오시면 잘 마중하겠다"고 말한 건 이런 현실을 반영하고 있습니다. 실제, 제가 2007년 북한을 방문했을 때도 평양에서 묘향산으로 가는 도로 사정은 좋지 않았습니다. 평양-묘향산 거리는 160킬로미터로 서울에서 대전 거리밖에는 되지 않지만, 차로 가는 데 세 시간 넘는 시간이 걸리기도 했습니다.

무엇보다 놀라운 건, 이런 남북 간의 경제력 차이가 수명은 물론 평균 신장 등에서도 큰 차이를 만들고 있다는 점입니다. 한국에서 태어난 사람의 평균 기대 수명은, 2021년 기준 여성의 경우 86.2세, 남성은 79.8세이지만 북한 여성은 75.8세, 남성은 67.8세에 불과합니다. 영양 섭취와 위생, 의료 수준에 차이가 커 북한 동포들은 우리보다 열 살 이상 더 수명이 짧습니다. 두 나라 성인 남성의 평균 신장도 174센티미터와 160센티미터로 15센티미터에 가까운 차이를 보이는데, 역사적으로 북쪽 사람들의 기골이 장대하다는 말은 이제 정말 옛말이 됐습니다. 실제로, 1945년 대한민국 광복 시점에 우리나라 성인 남성의 평균 신장이 165cm였다는 통계와 비교해 보면 남한 남성은 9cm 증가했지만 북한 남성은 오히려 5cm나 감소한 셈입니다. 북한은 1990년대 중반 '고난의 행군' 이후 경제난이 이어지면서 국민들의 영양 상태가 악화됐고, 특히 청소년기에 제대로 영양을 공급받지 못한 영향으로 체격까지 크게 줄어든 것으로 분석됩니다.

1945년 8월 15일, 대한민국이 일제 강점에서 벗어나 광복을 맞았을 때만 해도, 북한의 경제력은 남한과 큰 차이를 보이지 않았습니다. 오히려 주요 광물 자원이 북한에 많이 매장돼 있던 까닭에 일본의 투자가 북쪽에 집중되었고, 일부 중공업 분야는 북한이 남한을 압도하기도 했습니다.

한민족이 사는 두 나라가 불과 80년도 안 돼 왜 이렇게 큰 차이를 보이게 된 것일까요?

경제 성장에 필요한 3요소로 크게 자본, 노동력, 기술이 꼽힙니다. 1945년 남북한은 큰 차이 없이, 똑같은 출발선에서 뛰었습니다. 그렇지만 21세기인 현재, 결과는 너무나 다릅니다. 우리는 이제 선진국 진입을 눈앞에 두고 있지만, 북한은 여전히 굶어 죽는 사람들이 나올 정도로 세계에서 가장 가난한 나라 가운데 하나입니다.

남한은 광복 후 자본주의를 택해 사유재산과 경쟁을 통한 경제 발전을 추구했지만, 북한은 이와 반대로 공산주의 원칙 속에 재산의 국유화, 공동생산 공동분배를 채택했습니다.

만일 북한이 공산주의 원칙을 제대로 실행에 옮겼다면 남북한 경제력 차이가 이렇게까지 벌어지지는 않았을 겁니다. 똑같이 자본주의와 공산주의를 택하며 분단됐던 서독(자본주의)과

동독(공산주의)도 경제력 차이가 있기는 했지만, 남한과 북한 만큼의 차이를 보이지는 않았으니까요.

북한은 김일성, 김정일, 김정은으로 이어지는 세습 체제를 유지하면서 나라의 이익이 김 씨 일가에게 돌아갔습니다. 국민이 열심히 일해서 늘린 재산을 국민이 공평히 나눠가진 게 아니라, 김일성 일가와 그들을 돕는 일부 사람들이 대부분 가져간 것이죠. 이런 상황이 계속되면서 사람들은 열심히 일하고 싶은 의지를 잃어버렸습니다. 열심히 일해도 자신이 아닌 다른 사람들만 잘살게 된다면, 힘들여 가며 열심히 일할 이유가 없는 거죠. 이런 인식이 몇몇 사람이 아닌 전체 국민에 퍼진다면 경제는 발전할 수 없습니다.

죄수의 딜레마

'딜레마Dilemma'라는 말은 자신에게 주어진 선택 범위 내에서 어느 한 쪽을 고르기 어려운 상황을 말합니다. 어렸을 때 자주 듣곤 했던 "엄마가 좋니, 아빠가 좋니?"라는 질문이 아마도 여러분이 처음 접한 딜레마가 아니었을까요?

죄수의 딜레마Prisoner's Dilemma라는 말을 들어본 적이 있나요? 범죄를 저지른 두 명의 공범이 서로 힘을 합쳐 죄를 고백하지 않으면 두 사람은 아주 가벼운 벌만 받을 수 있습니다. 그런데 만약 한 명만 죄를 고백한다면 어떻게 될까요? 죄를 말하지 않은 사람은 무거운 벌을 받게 되지만, 먼저 죄를 자백한 사람은 비교적 가벼운 벌을 받게 됩니다.

두 사람을 떨어뜨려 따로 조사할 경우, 범인들은 고민에 빠질 수밖에 없습니다. 두 사람 입장에서는 모두 끝까지 범죄 사실을 부인하는 게 최선입니다. 그러면 두 사람 다 가벼운 벌만 받을 수 있을 테니까요. 그런데 두 사람을 서로 떼어 놓고 수사를 하다 보면 사정은 달라집니다. 공범이 자백할지도 모른다는 위험이 있기에, 자신이 먼저 죄를 실토해야 하는 상황에 놓이게 되는 것이죠.

두 명의 범죄자에게 인센티브는 범죄를 자백하면 받을 수 있는 가벼운 벌을 말합니다. 반대로 자신은 죄를 말하지 않아도, 상대방이 자신들의 죄를 시인하였을 경우 받는 무거운 벌은 일종의 벌칙이라고 할 수 있습니다. 이렇듯 두 사람이 말할까 말까 고민에 빠지는 것을 비유하여 죄수의 딜레마라고 합니다. 만약 두 명의 범인이 서로를 완전히 믿는다면 죄수의 딜레마는 일어나지 않겠지만, 현실에서는 이렇듯 죄수의 딜레마에 빠지는 경우가 많습니다.

죄수의 딜레마는 현실에서 언제든지 만날 수 있습니다. 기업들이 서로 약속해 특정 제품의 가격을 한꺼번에 올리는 가격 담합을 적발하기 위해 정부는 이 '죄수의 딜레마'를 이용하고 있습니다. '자진신고자 감면제도'를 도입해서 담합했던 회사들 가운데 가장 먼저 담합을 인정하고 그것을 공정거래위원회에 신고할 경우, 신고하지 않은 회사와 달리 아주 적은 벌금을 주는 것이죠. 이 제도를 도입한 이후, 결과는 놀라울 정도였습니다. 제도를 도입하기 전보다 10배나 많은 가격 담합 신고가 접수된 겁니다.

효과를 보자, 한 걸음 더 나가 '선착순 자백' 방식을 추가로 도입하기도 했는데요. 가장 먼저 자백한 회사에게 가장 적은 벌금을 매기고, 두 번째, 세 번째로 신고한 회사순으로 벌금을 깎아준 것이죠. 이 제도를 도입한 후 쉽게 담합을 밝히기 어려웠던 경우도 적지 않게 찾아낼 수 있었다고 합니다.

자본주의와 공산주의

1945년 2차 세계대전이 끝난 후 소련이 무너진 1991년까지 자본주의와 공산주의는 치열한 체제 경쟁을 펼쳤습니다. 어느 체제가 국민을 더 잘살게, 더 편안하게 할 수 있는지를 놓고 경주를 한 셈이죠. 결과가 나오는 데는 그리 오랜 시간이 필요하지 않았습니다.

1991년 말, 공산주의를 대표하는 소련이 피폐해진 경제 상황을 극복하지 못하고 붕괴했고, 소련의 영향력 아래 있던 동유럽 공산주의 국가들도 공산주의 체제를 포기했습니다. 중국 역시 명목상으로는 공산주의를 표방하고 있지만, 경제 개방을 통해 사실상 자본주의 체제로 들어선 상태입니다.

자본주의와 공산주의를 나누는 가장 기본적인 차이는 생산 수단의 사유화 여부입니다. 근본적으로 인간은 자신의 이익을 추구합니다. 열심히 노력해서 좋은 결과를 얻음으로써 자신의 소유를 인정받고자 하고, 이 과정에서 열심히 일하려는 동기가 생겨나지요. 사람들을 더욱 열심히 일하게 하는 '인센티브'가 자본주의에는 있지만 공산주의에는 없었습니다. 결국 이러한 차이가 효율성의 차이를 낳았고, 그 차이가 경제 발전의 속도와 정도를 결정했습니다.

사실 공산주의는 자본주의의 단점을 극복하기 위해 만들어진 체제입니다. 1760년대 말 증기기관이 발명되고 산업혁명이 진행되면서 자본주의에서는 수많은 부작용이 일어났습니다. 경제는 발전했지만, 부자는 더 부유해지고 가난한 사람은 더 가난해지는 악순환이 이어졌죠. 열 살도 안 된 어린아이가 탄광에서 온종일 15시간이 넘게 부지런히 일을 해도 겨우 하루 먹고살 만큼의 돈만 받을 수 있었습니다. 열심히 일한다고 해서 더 좋은 미래를 만들 수 없었죠.

자본주의에 맞서 공산주의의 개념을 처음 도입한 독일의 철학자 칼 마르크스Karl Heinrich Marx는 이러한 자본주의의 부작용으로 자본주의는 반드시 망할 수밖에 없다고 생각했습니다. 열심히 일해도 부자가 될 수 없는 노동자들이 혁명을 일으켜 공동생산, 공동분배라는 '유토피아' 같은 사회, 즉 공산주의를 탄생시킬 것으로 예상했죠. 실제 많은 나라들이 칼 마르크스의 공산주의에 영감을 받아 공산주의를 받아들이기도 했습니다.

그러나 시간이 지나면서 자본주의는 더불어 사는 '복지'의 개념을 적용하여 스스로 발전해 갔습니다. 진화를 거듭하며 시대와 사회의 요구에 발맞춰 간 것이죠. 반면, 공산주의는 처음 품었던 '공동생산 공동분배'를 발전시키지 못했습니다. 특히 개인의 창의성과 경쟁의 효율성을 인정하지 않은 까닭에 '모두가 부자가 되자'라는 구호를 실행에 옮기지 못하고 모두 가난해지고 말았습니다.

지금도 자본주의에는 해결하지 못한 많은 문제가 있습니다. 이때문에 많은 국가들은 자본주의를 기본으로 복지 정책을 적극적으로 추진하고 있습니다. 부자들이 더 많은 사회적 책임을 지고, 사회적 약자를 도울 수 있는 많은 제도들을 만들었습니다. 자본주의는 완벽한 제도는 아니지만, 현실에 맞는 최선의 제도로 바뀌어 가고 있습니다.

중국 '샤오강촌(小崗村)'의 기적

중국은 1978년 덩샤오핑의 개혁, 개방정책이 단행되기 전까지 전 세계에서 가장 가난한 나라 가운데 한 곳이었습니다. 1949년, 마오쩌둥이 중국 대륙에서 장제스가 이끄는 국민당과의 국공내전에서 승리해 지금의 중화인민공화국을 세웠지만, 이후에 공산당 1당 독재를 거치며 모든 부문의 경제가 크게 낙후됐습니다. 특히 마오쩌둥은 1인 독재와 우상화를 위해 1966년부터 1976년까지 문화 대혁명을 진행하며 자신에 반대하는 지식인과 정치 세력을 탄압했습니다. 이 과정에서 중국의 경제, 산업 기반 시설은 완전히 파괴되다시피 했습니다.

마오쩌둥 사망 이후 중국 실권자로 발돋움한 덩샤오핑은 문화 대혁명의 오류를 지적하며, 개혁개방을 통한 경제 개발에 나섰습니다. '공동 생산, 공동 분배'라는 공산주의 원칙을 수정해 자본주의 시장경제 체제 도입을 공식화했고, 실사구시實事求是를 통한 중국형 자본주의 실험에 나섰습니다.

중국 안후이성 샤오강촌小崗村의 기적은 중국 정부가 추진한 개혁, 개방의 원동력이 됐습니다. 샤오강촌의 농부들은 토지 소유에 대해 공동 소유, 공동 생산 원칙을 버리고, 일정 구역으로 토지를 나눈 후 이 곳에서 발생하는 초과 이익에 대해 개별적으로 수입을 가져가기로 했습니다. 결과는 놀라웠습니다. 성과에 대한 '인센티브'를 인식한 농민들은 자신이 농사를 맡은 토지에 더 많은 공을 들였고, 생산량은 불과 2년 만에 10배 이상 증가했습니다. 경제를 성장시키는 건 정부의 관찰과 지도, 채찍이 아니었습니다. 오히려 사유제를 기반으로 개인의 노력에 대해 보상해주고 인센티브를 주는 게 훨씬 효과적이라는 사실을 절감하게 된 거죠.

1978년 개혁, 개방 정책 이후 중국이 이룬 경제적 성과는 눈부십니다. 중국이 세계 경제에서 차지하는 비중은 개혁, 개방의 첫발을 뗀 1978년 1.8%에 불과했지만 2021년에는 17.7%를 기록하며 미국에 이어 'G2Global 2' 국가로 성장했습니다.

중국 국민의 1인당 국민소득은 381위안에서 8만 9000위안으로 233배 이상 급증했습니다. 이 기간 동안 중국은 매년 9%가 넘는 성장률을 기록하며, 전 세계 경제 성장을 주도했습니다. 이런 천지개벽이 가능했던 것을 모두 사유제를 기반으로 한 자본주의 경제 체제의 우월함이라고 할 수는 없을 겁니다. 그러나 '인센티브'로 대표되는 성과 보상이 어떻게 중국 사람들의 마음과 경제를 바꿔놓았는지는 어렵지 않게 짐작할 수 있을 겁니다.

개혁개방 이후 중국 경제의 성장		1978년	2021년
	국내총생산(GDP)	369억 위안	121조 위안
	1인당 GDP	381위안	8만 9000위안
	세계 500대 기업	0개	136개
	연간 자동차 생산	10만여 대	2608만여 대
	특허출원	0건	145만여 건
	고속철도 길이	0	4만km

〈자료: 중국 21세기경제〉

50

요즘 중국은 말 그대로 승승장구하고 있습니다.

1979년 덩샤오핑이 개혁, 개방에 나서기 전까지 국민을 제대로 먹여 살리기도 힘들었던 중국이 불과 40년도 안 돼 세계 2위의 경제 대국 자리에까지 오른 것이죠. 오늘날 중국의 경제 수도라고 할 수 있는 상하이의 발전은 정말 놀라울 정도인데요. 아직까지 공산주의 체제를 유지하고 있는 중국이 이렇게 빠르게 성장할 수 있었던 비결은 과연 무엇일까요?

3

욕망과
희소성

이카루스는 왜 하늘에서 떨어졌을까? _____

가격과 가치는 항상 같을까? _____

　석완이의 개학날이 일주일 앞으로 다가왔습니다. 방학 동안 맘껏 늦잠도 자고 수영장에도 다녔던 석완이. 하루하루 다가오는 개학날이 싫기만 합니다. 밀린 방학 숙제를 남은 일주일 안에 다 하려면, 고생깨나 할 것 같습니다. 벌써부터 머리가 지끈지끈 아파 오네요.

　"아, 정말 방학이 일주일만 더 길었으면 좋겠다. 아빠, 왜 이렇게 방학은 짧은 거예요? 방학을 두 달씩 하면 안 될까요?"

　석완이의 투덜거림에 아빠가 말 한마디 거듭니다.

　"이 녀석, 방학이 그 정도면 됐지, 얼마나 더 바라는 거니?"

　"그래도 방학이 딱 한 주만 더 길었으면 좋겠는데."

　"석완아, 만약 방학이 한 주 더 길다 해도, 아마 개학날이 다가오면 똑같은 말을 하게 될 거야. 딱 일주일만 방학을 늘려달라고 말이야. 그게 사람 욕심이란다."

"아빠 말씀을 듣고 보니, 또 그럴 것 같기도 하네요."

석완이가 금세 마음을 바로잡으려 하자 아빠는 기분이 좋아 몇 마디 말을 더 꺼냈습니다.

"너, 지난번에 용돈을 만 원 올려줬을 때 뭐라고 했니. 처음에는 좋다고 했지만, 얼마 안 가서 또 올려달라고 했잖아. 그렇지?"

"그야 뭐, 이래저래 돈 쓸 곳이 많아져서 그랬죠."

"사람 마음은 다 똑같단다. 아빠도 휴가가 며칠만 더 있으면 좋겠고, 엄마에게 받는 용돈도 조금 더 많았으면 좋겠어. 욕심에는 끝이 없다지만, 이렇게 끝도 없는 인간의 욕심과는 반대로 세상 모든 일에는 모두 한계가 있게 마련이란다. 시간도 돈도 모두 무한한 게 아니라 제한되어 있거든. 그래서 마음을 제대로 다스리는 게 중요하단다. 과한 욕심은 언제나 사람을 불행하게 만드니까 말이야."

이카루스의 욕망과 비극

이번에는 그리스 신화에 나오는 비운의 주인공 이카루스의 이야기를 들려줄게요.

이카루스의 아버지 다이달로스는 뛰어난 건축가이자 발명자로서 손재주가 좋기로 유명한 사람이었습니다. 지중해 크레타 섬의 미궁(미로)을 만든 사람으로도 유명했죠. 그런데 역설적이 게도 다이달로스는 미궁을 만들라고 명령한 미노스 왕의 노여움을 사, 아들 이카루스와 함께 자신이 만든 미궁에 갇히고 맙니다.

오랜 시간을 미궁에 갇혀 지낸 다이달로스와 이카루스. 다이달로스는 자신의 기막힌 손재주를 이용해 미궁을 빠져나갈 계획을 세웁니다. 사방이 모두 막혔으니 새처럼 하늘을 날아서 미궁을 탈출하기로 한 것이죠.

다이달로스는 새의 깃털을 하나하나 모아 밀랍으로 붙여 멋진 날개를 만들었습니다. 그리고는 아들 이카루스의 어깨에 날개를 달아주고, 자신도 날개를 붙여 달았습니다.

"이카루스, 이 날개가 우리를 새처럼 날게 해줄 거다. 그럼 우리도 예전처럼 자유의 몸으로 돌아갈 수 있단다. 그런데 하늘로 날기 전에 꼭 명심할 게 있단다. 너무 높이 올라가 태양에 가깝게 날지 말거라. 너무 높이 날면 태양의 열기에 깃털을 붙인 밀랍이 녹아서 날개가 떨어질 수 있으니 말이다."

그렇게 다이달로스는 이카루스에게 신신당부를 하고 미궁을 날아올랐습니다. 다이달로스와 이카루스 부자가 그렇게 꿈꿔왔던 자유가 손에 잡히는 듯 했죠. 그런데 얼마 지나지 않아 이카루스가 아버지의 말을 잊고 자꾸만 태양 가까이로 날아갔습니다. 조금이라도 더 높이, 더 멀리 날아보고 싶었던 것이죠.

아버지가 말한 '태양에 너무 가까이 가면 밀랍이 녹아 날개가 떨어질 수 있다'는 경고는 까맣게 잊은 지 오래였습니다.

결국 이카루스의 날개를 지탱한 밀랍이 뜨거운 태양열에 녹아내리기 시작했습니다. 하나둘 깃털이 떨어져나가고 이카루스는 바닷속으로 끝없이 추락했습니다. 이후 이카루스가 떨어져 죽은 에게해에는 그의 이름을 딴 '이카리아' 섬이 생겨났습니다.

희소성이 만드는 가격

자본주의 경제의 가장 기본적인 전제는 인간의 이기심과 경제생활을 하는 과정에서 사람들이 택하는 합리적인 의사 결정입니다. 자본주의 경제학의 기초를 닦은 아담 스미스Adam Smith는 그의 책 '국부론The Wealth of Nations'에서 "공익을 추구하려는 의도도 없고 자신이 공익에 얼마나 기여하는지조차 모르는 사람, 오직 자신의 이익만을 추구하는 과정에서 보이지 않는 손에 이끌려 의도하지 않았던 공익도 얻게 된다"고 밝혔습니다. 그러면서 이런 말도 덧붙였습니다.

"우리가 매일 식사를 마련할 수 있는 것은 푸줏간 주인과 양조장 주인, 그리고 빵집 주인의 자비심 때문이 아니라, 그들 자신의 이익을 위한 그들의 행동 때문이다. 우리는 그들이 가진

타인에 대한 자비심이 아니라, 그들 자신에 대한 자애심에 호소한다. 그들에게 우리 자신의 필요를 말하지 않고 그들 자신에게 유리함을 말한다. 거지 이외에는 아무도 전적으로 자비심에만 의지해서 살아가려고 하지 않는다."

더 높이 날고 싶었던 이카루스의 욕망처럼, 인간의 욕심에는 끝이 없습니다. 반대로 인간의 이런 욕망을 채울 수 있는 것, 즉 재화와 서비스는 제한되어 있죠. 이렇듯 재화와 서비스의 희소성 때문에 우리의 항상 선택을 강요받습니다. 제한된 재화와 서비스 가운데 어느 것을 먼저 선택할지에 따라 제품의 가격이 결정되고 소비가 이루어지지요.

경제학의 아버지로 평가받는 아담 스미스가 말한 '보이지 않는 손'도 욕망과 희소성의 모순에서 비롯됩니다. 보이지 않는 손은 제한적인 공급과 무한적인 수요가 만나는 점에서 가격을 결정합니다. 욕망은 곧 재화나 서비스에 대한 수요를 말하는데, 물건을 소비하거나 서비스를 이용하고자 하는 욕구가 바로 '수요'라고 할 수 있습니다.

반대로 희소성은 공급으로 볼 수 있습니다. 세상에는 공급이 아주 적은 물건과 서비스가 있는 반면, 공급이 너무 많은 재화와 서비스도 있습니다. 예를 들어 다이아몬드와 같은 보석은 공급이 매우 적어 희소성이 높지만, 반면 다이아몬드와 결정구조는 같고 배열구조만 다른 흑연은 다이아몬드에 비해 몇만 배나 많은 양이 나오기 때문에 희소성이 떨어집니다. 이러한 경우 사람들이 갖고 싶어 하지만 공급이 적으면 가격이 올라가고, 반대로 사람들이 필요로 하지 않는데 공급이 많으면 가격이 내려갑니다. 이렇게 수요와 공급이 만나는 곳에서 가격이 형성됩니다.

희소성은 이렇듯 가격을 결정짓는 기본이 됩니다. 즉, 희소성이 높으면 '가치'를 인정받게 되고, 이러한 가치를 교환의 단위인 화폐로 환산하면 '가격'이 되는 것이죠.

희소성은 남녀관계에서도 적용됩니다. 석완이네 반에서 가장 인기가 많은 지은이는 반의 모든 남자아이들이 좋아합니다. 그런데 지은이처럼 예쁘고 상냥한 아이는 많지 않기 때문에 지은이의 콧대는 높아질 수밖에 없죠. 지은이와 사귀고 싶은 남자아이(수요)는 많은데, 지은이를 대신할 만한 다른 여자아이(공급)가 없기에 지은이의 인기가 하늘 높은 줄 모르고 높아진 것입니다.

강남 아파트 값은 왜 비쌀까?

서울 아파트 가격은 무척 비쌉니다. '아파트 가격이 비싸다'는 평가는 어떻게 내릴 수 있을까요? 주택 가격이 비싸다거나 상대적으로 저렴하다거나 하는 평가는 일반적으로 소득과 비교해 평가합니다. 이를 소득 대비 주택가격 비율PIR: Price to Income Ratio이라고 합니다.

예를 들어 설명해 보죠. 서울 전체 아파트 가운데, 중간값은 2021년 6월 처음으로 10억 원을 돌파해 10억 5000만 원 수준까지 오르기도 했습니다. 2022년부터 본격화된 금리 인상으로 아파트 가격이 하락하고는 있지만, 여전히 아파트값은 비싸다는 평가를 받고 있습니다.

우리나라 가구의 연평균 소득이 6410만 원인 점을 고려하면, 16년 치 소득을 꼬박 모아야 서울에 아파트 한 채를 살 수 있다는 계산이 나옵니다. 이는 기본적인 의식주에 지출하는 돈을 하나도 쓰지 않아도 15년 이상이 걸린다는 뜻입니다. 2012년에는 이 비율이 9.6배였는데, 2014년 이후 아파트 가격 상승 속도가 소득 증가 속도보다 훨씬 빨랐기 때문에 16배 이상까지 높아진 겁니다.

다른 나라와 비교하면 어떨까요? 집값이 비싸기로 유명한 미국 뉴욕의 PIR은 5.7배에 불과했습니다. 절대적인 뉴욕 집값이 서울보다 높기는 하지만, 뉴욕 시민의 소득이 높기 때문에 소득 대비 주택가격 비율은 5.7배로 낮아진 겁니다. 집값 비싸기로 둘째가라면 서러운 영국 런던이 8.5배였습니다. 서울과 비슷한 수준의 PIR을 기록하고 있는 곳은 최근 대규모 중국 자본이 유입되며 집값이 급등했던 캐나다 밴쿠버(12.6배), 호주 시드니(12.9배) 등이었습니다.

소득 대비 서울보다 높은 집값을 기록하고 있는 도시도 있습니다. 홍콩이 19.4배, 베이징은 17.1배, 상하이는 16.4배로 중화권 도시가 많았습니다. 중국 선전은 무려 47배를 넘기도 했죠. 홍콩은 도시 면적이 작은 반면 인구는 많아 워낙 집값이 비싼 곳이고, 베이징이나 상하이는 아직 절대적인 국민소득이 높지 않은 반면 부동산 가격이 급등했던 터라 이 비율이 높아졌습니다.

그렇다면 서울 아파트 가격은 왜 이렇게 비싼 걸까요? 서울 내에서도 강남 아파트의 가격이 다른 지역보다 훨씬 비싼 이유는 뭘까요? 여기에도 수요와 공급, 특히 희소성의 원리가 숨어 있습니다. 대부분의 사람들은 일자리가 몰려 있는 서울에서 가까운 곳에 살고 싶어 합니다. 그러니 서울 또는 서울에 있는 회사 가까이에 있는 수도권 일대에 살기를 희망하죠. 서울 아파트에 대한 수요가 많은 이유입니다.

특히 강남은 주거 환경과 교육 여건, 교통, 문화 환경 등 모든 면에서 서울에서 가장 우수한 곳으로 꼽힙니다. 경제적으로 여유가 있는 사람들이 이런 강남 아파트에 대한 수요 기반이 됩니다. 반대로 강남에서 공급할 수 있는 아파트는 수요를 감당하기에는 턱없이 부족합니다. 물리적으로 대거 아파트를 새로 공급할 수 있는 부지가 부족할 뿐 아니라 강남 지역 아파트 가격이 자꾸 오르다 보니 정부에서 집값을 잡기 위해 많은 규제를 쏟아내고 있기 때문입니다. 특히 단기적으로 아파트 가격이 많이 오를 것을 걱정해 재건축 아파트에 대한 규제를 많이 채택하다 보니 새로운 공급 물량이 적어져 강남 아파트 값이 더 오르는 부작용을 겪고 있습니다.

서울과 달리 전국 아파트 가격을 소득과 비교한 PIR은 6.7배로 서울 16.3배보다 훨씬 낮습니다. 지방 아파트에 대한 수요는 서울 아파트에 비해 적을 뿐 아니라, 서울에 비해 상대적으로 새로운 아파트 공급이 꾸준히 이뤄지면서 전국 평균 집값은 상대적으로 안정세를 보이고 있습니다.

'가격'과 '가치'의 차이, 현명한 소비가 중요하죠!

그렇다면 가격과 가치는 항상 같을까요? 다시 말해서 가격에 항상 재화와 서비스의 가치가 제대로 들어있을까요?

'이성적인 사람들의 합리적인 소비'를 조건으로 하는 경제학의 특성을 살펴보면, 대부분의 경우 가격은 가치가 그대로 들어있습니다. 하지만 사람들이 늘 이성적이지 않듯, 그렇지 않은 경우도 많습니다. 또 재화나 서비스의 가치에 대해 개개인이 상대적으로 다르게 평가할 수도 있습니다. 가격이 비싸다고 해서 반드시 그만한 가치가 있다고는 말할 수 없는 것이죠. 사막을 건너야 하는 상인에게는 물건을 날라 줄 낙타가 매우 가치 있겠지만, 농사를 짓는 농부에게는 낙타보다 밭을 갈아 줄 소가 더 가치 있는 존재입니다. 당연히 상인은 소보다는 낙타를 비싼 값에 사려 할 테고, 농부는 낙타보다 소를 사기 위해 더 많은 돈을 내려 할 겁니다.

이렇듯 사람에 따라 가치와 가격이 다른 경우는 주위에서 쉽게 찾아볼 수 있습니다. 매일 가격이 변하는 주식시장의 '주가'를 예로 들어보겠습니다. 아마 부모님이 여윳돈으로 가끔 주식에 투자한다는 얘기를 들어본 적이 있을 겁니다.

예를 들자면, 삼성전자라는 기업의 가치는 하루 사이에 크게 변할 일이 없습니다. 하지만 주식시장에서 거래되는 삼성전자의 주가는 매일매일 초를 다투며 움직입니다. 하지만 주가가 초 단위로 바뀐다 해서, 기업의 가치가 그만큼 빠르게 바뀌지는 않습니다. 이를 이용해, 주식 투자자들은 실제 기업의 가치보다 주가가 많이 떨어졌을 때 해당 기업의 주식을 샀다가, 그 기업의 가치보다 주가가 높아졌을 때 주식을 팔아 많은 돈을 벌기도 합니다. 주식 투자를 하는 사람들은 모두 이러한 목적을 가지고 있는 것이죠. 즉, 높은 가치의 기업 주식을 낮은 가격에 산 후, 다시 높은 가격에 되팔아 이익을 벌고 싶은 겁니다.

가치에 대한 평가가 상대적으로 다르다는 사실은 비슷한 제품이라도 가격이 서로 다르게 정해진다는 점에서도 확인할 수 있습니다. 예를 들어, 엄마가 갖고 싶어 하는 해외 명품 브랜드 가방과 일반 국산 가방의 가격은 많게는 100배 이상 차이 납니다. '가방'이라는 물건의 가치로는 그렇게 큰 차이가 나타나지 못하는데도 말이죠. 소위 '명품'에 높은 가치를 두는 사람에게는 명품 가방이 충분한 가치가 있으니 가격이 비싸게 정해진 것입니다. 하지만 명품의 가치를 인정하지 않는 사람에게는 국산 가방과 비슷해 보이는 가방이 100배나 비싼 값에 거래된다는 사실 자체가 '사치'에 불과할 뿐이지요.

가격이 비싸다고 무조건 좋은 것도, 가격이 싸다고 무조건 나쁜 것도 아닙니다. 가격이 상대적인 가치에 따라 달라지기 때문이죠. 가난한 나라의 사람에게는 명품 가방이 내일 당장 가족이 먹을 옥수수 몇 킬로그램의 가치도 되지 않을 겁니다. 하지만 부자 나라의 사람에게는 아무리 비싸더라도 그 가격에 명품 가방을 살 만한 가치가 있겠죠.

따라서 항상 비싼 가격의 물건만 사려고 고집할 게 아니라, 합리적인 가격에 좋은 품질을 가진, 즉 가치 있는 물건을 고르는 습관을 길러야 합니다. 무조건 비싼 걸 사달라고 부모님께 떼쓸 것이 아니라, 어느 정도의 값이 적당한지 고민하는 '똑똑한' 소비자가 되자고요! 현명한 아이는 가격과 가치의 차이를 정확히 이해하고 자신에게 맞는 '합리적인' 소비를 합니다.

물물교환과 화폐

일요일 아침부터 온 집안을 시끄럽게 했던 석완이와 서윤이의 '장난감 싸움'은 석완이가 아빠의 설득을 받아들이는 것으로 해결됐습니다. 석완이는 갖고 놀던 마인크래프트 피규어를 서윤이에게 돌려주는 대신, 아빠에게 '칭찬 스티커'를 받았습니다. 석완이는 칭찬 스티커를 모으면 평소 갖고 싶었던 과학상자 세트를 살 수 있었습니다.

각자의 이해관계가 맞아떨어질 때, 서로 필요한 것을 바꿔서 이득을 얻는 것을 '교환'이라고 합니다. 특히, '화폐'와 같은 교환 수단 없이 재화와 재화 간에 직접 일어나는 교환을 '물물교환'이라고 부릅니다.

물물교환은 화폐가 쓰이지 않기 때문에 자연스레 거래에 불편함이 많습니다. 예를 들어 내가 가진 것과 다른 사람이 가진 것을 어떻게 교환해야 할지에 대한 문제부터, 일대일 거래가 불가능할 때 발생하는 문제점을 들 수 있습니다.

대부분의 경우, 자신이 가진 물건의 가치는 높게 평가하면서 상대방이 가진 물건의 가치는 낮게 평가해, 자신에게 유리하게 교환하려고 하는 것이 보통입니다. 이럴 경우 서로 바꾸려는 물건의 가치를 매기기 어렵습니다. 또, 내가 가진 것과 상대방이 가지려는 것이 다를 때 교환이 이뤄질 수 없습니다. 즉, 교환 자체가 이뤄지지 않게 되는 것이죠.

　이러한 물물교환의 어려움 때문에 자연스레 '실물 화폐'가 세상에 등장했습니다. 소금, 면포, 쌀, 금, 은과 같이 거의 모든 사람들에게 가치를 인정받는 도구를 이용하여 거래를 하기 시작한 것이죠. 중세 이후 많은 나라에서 현재 돈으로 쓰이는 '화폐'를 만들어 내기 전까지만 해도 이런 실물 화폐들은 사람들의 거래를 돕는 거의 유일한 수단이었습니다. 그러나 실물 화폐 역시 들고 다니기 어렵고 구하기 힘들다는 이유로 점차 나라에서 발행하는 '화폐'로 대체되었습니다.

　화폐는 경제 사회에서 상품의 교환과 유통을 돕습니다. 우리가 사용하는 화폐는 국가의 법률에 의해 가치가 정해진 수단을 말하는데요. 법적으로 사용 권리를 인정받은 통화通貨라고 해서 '법정 통화'라고도 합니다.

환율과 경제

법적인 가치를 인정받는 화폐는, 법의 영향력이 미치는 나라에서만 가치를 갖습니다. 즉, 우리나라에서 쓰는 '원화'는 우리나라에서만, 미국에서 쓰는 '달러화'는 미국에서만, 또 중국에서 쓰는 '위안화'는 중국에서만 사용할 수 있는 것이죠.

그런데 세계 여러 나라들이 무역을 하다 보면, 자연스레 각자의 돈을 서로 바꿔야 하는 일이 생깁니다. 서로의 물건을 사고팔면서 '물물교환'만 할 수 없으니 서로의 돈에 대한 가치를 정해서, 물건에 맞는 돈을 내는 것이죠. 또, 해외여행을 할 때 자기 나라 돈으로 그 나라의 물건을 살 수 없으니 서로의 돈에 대한 가치를 분명히 정해야 했습니다.

이렇듯 자기 나라 돈과 다른 나라 돈을 바꿀 때, 그 기준이 되는 것을 바로 '환율'이라고 합니다. 예를 들어 한국 돈 1000원을 줬을 때 미국 달러 1달러를 받을 수 있다면, '1000원=1달러'라는 환율이 정해진 셈이죠. 만약 우리 돈의 가치가 낮아지면 1000원이 아니라 1200원을 줘야 1달러로 바꿀 수 있고, 반대로 우리 돈의 가치가 높아지면 800원만 줘도 1달러로 바꿀 수 있습니다.

세계화 시대에 접어들면서 환율은 세계 경제를 움직이는 가장 중요한 요인이 되었는데요. 특히 우리나라처럼 국내에서 이뤄지는 경제활동보다 다른 나라와의 무역을 통해 이뤄지는 경제활동이 왕성한 국가에서는 환율이 다른 어떤 경제 요소보다 중요합니다.

처음에는 세계 어디에서든 큰 가치를 갖는 '금'과 그 나라의 '돈'의 교환 비율을 정한 후, 이걸 다시 다른 나라 돈의 비율과 비교해 환율이 정해졌습니다. 그렇지만 금은 부피가 크고, 또 경제 규모가 커지는 것에 비해 금이 무한히 늘어날 수도 없었죠. 따라서 세계에서 가장 믿을 만한 나라의 돈, 즉 미국의 달러화를 기준으로 환율이 정해졌습니다. 예를 들어 우리 돈 1000원이 1달러에 거래되고, 중국 돈 8위안이 1달러에 거래된다면, 우리 돈 1000원은 중국 돈 8위안으로 교환할 수 있는 것이죠. 그러다 요즘 미국이라는 나라도 언제든 위험해질 수 있다는 생각이 확산되면서, 달러화 대신에 중국의 위안화나 유럽의 유로화가 중요한 환율의 기준이 됐습니다.

학교에서 돌아온 석완이가 엄마를 조르기 시작합니다. 친구 태화가 이번에 신은 멋진 브랜드 신발을 자기도 갖고 싶다는 것이죠. 엄마는 몇 주 전에 새로 산 신발이 있는데, 또 새 신발 타령이냐며 타박을 놓지만, 석완이는 막무가내입니다. 비싼 신발을 사달라는 석완이, 엄마는 어떻게 석완이를 설득할 수 있을까요?

4

함께 사는
세상

'Made in China' 장난감이 많은 이유는? ——

나만의 '달란트'를 찾자! ——

　다음 주에는 중간고사가 있습니다. 벌써부터 머리가 지끈거리는 게, 시험 스트레스가 왔나 봐요. 시험을 치를 생각을 하니 석완이는 벌써 한숨부터 나옵니다.

　즐거운 점심시간. 옆자리에 앉은 새침데기 지은이가 오늘은 왠지 먼저 말을 걸어오네요. 예쁘고 공부도 잘하는 지은이는 석완이네 반 남학생들에게 최고로 인기가 많습니다. 그런 지은이가 다정하게 말을 걸다니, 과연 무슨 일일까요?

　"석완아, 너 이번 주에 우리 집에 와서 나랑 같이 시험공부 하지 않을래?"

　석완이는 '얘가 웬일이지?'라고 생각했지만, 지은이의 제안을 받아들이기로 했습니다.

　"그래? 나야 좋지. 그럼 토요일 오후에 갈까?"

　"그래. 토요일 오후에 같이 공부하자. 넌 국어를 잘하니까,

국어 공부를 열심히 해와서 나에게 좀 알려줘. 난 수학하고 과학 공부를 열심히 해놓을게. 수학이나 과학에서 궁금한 게 있으면 언제든 물어보라고."

"좋은 생각이네. 역시 지은이 넌 머리가 좋구나. 망신당하지 않으려면 국어 공부를 열심히 해 놔야겠다."

집으로 돌아온 석완이는 신이 나 오늘 학교에서 있었던 일을 아빠에게 털어놓았습니다.

"아빠, 우리 반에서 최고로 인기 많은 지은이가 나를 집에 초대했어요. 같이 공부하자고요. 저는 국어를 잘하니까 국어 공부를 도와주고, 지은이는 수학 시험 준비를 도와주기로 했어요."

"그래? 지은이는 정말 똑똑한 친구인 것 같구나. 벌써 경제의 기본인 '비교우위'를 정확히 꿰뚫고 있으니 말이야."

"비교우위요? 그게 뭔데요, 아빠?"

호기심이 발동한 석완이는 질문을 쏟아냈습니다.

사자의 힘 vs 생쥐의 힘

제일 힘이 세고 용맹하다는 동물의 왕 사자가 하루는 먹잇감을 찾아 나섰습니다.

"어디 가서 토끼를 잡지? 빨리 사냥을 마치고 낮잠이나 한

숨 자야겠는데!"

바로 그때였습니다. 토끼 한 마리가 사자 앞을 '휙' 하고 지나쳐 가는 게 아니겠어요. 토끼 사냥에 집중한 사자는 재빨리 토끼를 잡으려 몸을 날렸습니다. 그런데 이게 웬일인가요? 사자의 한쪽 발이 사냥꾼이 만들어 놓은 올가미에 들어가는가 싶더니 이내 사자는 밧줄에 꽁꽁 묶여버리고 말았습니다.

힘으로 치면 누구도 사자를 당할 자가 없었지만, 올가미에 묶인 사자는 힘 한 번 제대로 쓸 수 없었어요. 사자의 용맹도 사냥꾼의 올가미 앞에서는 무용지물이었죠. 그때 생쥐 한 마리가 올가미에 묶인 사자 앞을 지나가며 이렇게 말했습니다.

"사자님! 제가 뭘 좀 도와드릴까요?"

"뭐라고, 네 놈이 나를 도와준다고? 코딱지만 한 놈이 무슨 힘이 있다고 나를 도와준다는 거냐?"

"저는 이런 밧줄 정도는 쉽게 끊을 수 있어요. 저의 두 앞니면 충분하죠."

그러고는 생쥐가 올가미 동아줄을 앞니로 한 가닥씩 끊어내기 시작했어요. 결국 사자는 생쥐의 도움으로 올가미에서 벗어날 수 있었습니다. 그제야 사자는 조그만 생쥐도 자기보다 훨씬 잘하는 일이 있음을 알게 됐답니다. 올가미에서 풀려나 사냥에 성공한 사자는 자신을 어려움에서 구해준 생쥐에게 먹을거리를 나눠줬습니다.

사자는 힘이 세고 용감합니다. 그래서 누구의 도움도 필요 없을 거라고 자만했죠. 그러나 아무리 잘났다 해도 뭐든지 다 잘할 수는 없습니다. 이렇듯 다른 사람이나 나라와 비교해 상대적으로 더 잘하는 것을 '비교우위'라고 합니다. 반대로 상대적으로 덜 잘할 수밖에 없는 상황을 '비교열위'라고 부릅니다.

일반적으로 비교우위와 비교열위는 국가 간에 서로 '잘난 것'과 '덜 잘난 것'의 차이를 말할 때 사용됩니다. 비교우위와 비교열위에 따라 나라 간 무역의 필요성도 생겨났습니다. 생쥐가 두터운 밧줄을 끊는 능력을, 사자가 사냥을 잘하는 능력을 이용하여 서로를 도왔던 것처럼 말이죠. 즉, 사자는 어려움에서 벗어났고, 생쥐는 먹잇감을 얻었습니다.

수학을 잘하는 지은이가 석완이에게 수학을 가르쳐 주고, 국어를 잘하는 석완이가 지은이에게 국어를 가르쳐 주는 것은 둘 다 높은 성적을 얻을 수 있는 좋은 방법이었습니다. 이것을 잘 알고 있던 지은이는 석완이에게 각자 비교우위에 있는 부분에 집중해 서로 도움을 받자고 제안한 것이죠.

우리나라가 반도체를, 중국이 장난감을 수출하는 이유

비교우위는 국가 간에 무역이 왜 이뤄지는지를 아주 명쾌하게 설명합니다. 비교우위는 데이비드 리카도David Ricardo라는 경제학자가 처음 도입한 개념인데요. 그는 비교우위를 통해 왜 어떤 국가는 섬유를 수출하고, 어떤 나라는 와인을 수출하는지 그 원인을 분석했습니다.

예를 들어 산업화가 발전된 영국은 10명이 하루에 10미터 길이의 옷감을 만들어 낼 수 있었습니다. 반면, 영국은 궂은 날씨로 포도농사를 짓는 것이 어려웠습니다. 평균적으로 20명의 사람이 와인 100리터밖에 생산할 수 없었죠.

반대로, 영국과 무역을 하는 포르투갈은 생산 시설이 부족해 20명이 하루를 꼬박 일해야 10미터 길이의 옷감을 만들 수 있었습니다. 하지만 건조한 기후와 뜨거운 태양 덕에 100리터의 와인을 만드는 데에 고작 10명만 힘쓰면 충분했습니다.

이러한 경우, 영국은 포르투갈과 비교해 옷감 생산에, 포르투갈은 영국과 비교해 와인 생산에 비교우위를 갖는다고 표현합니다. 두 나라는 비교우위에 있는 품목에 생산을 집중하고, 그것을 교환하면, 비교열위에 있는 제품을 만드느라 자원을 허비할 일이 없어 서로 경제적으로 이득을 볼 수 있습니다. 즉, 영국은 와인을 만드는 20명의 사람에게 대신 옷감을 만들게 해서 하루 30명의 노력으로 30미터의 옷감을 생산하고, 반대로 포르투갈은 옷감을 만드는 사람에게 와인을 만들게 하여 30명이 300리터의 와인을 생산하는 것이죠. 이렇게 각 나라가 자신이 잘하는 것에 집중하는 것을 '특화'라고 합니다.

두 나라가 비교우위에 있는 제품에 '특화'해 옷감과 와인을 생산하면 옷감과 와인은 하루 30미터와 300리터가 됩니다. 하지만 예전대로 각자 옷감과 와인을 만든다면 영국 옷감 10미터와 포르투갈 옷감 10미터를 합해 옷감은 20미터, 영국 와인 100리터와 포르투갈 와인100리터를 더해 와인은 200리터에 불과합니다. 즉, 비교우위에 있는 제품에 특화해야 생산량이 늘어납니다.

우리나라의 1위 수출 품목은 컴퓨터, 휴대폰, TV 등에 많이 쓰이는 반도체입니다. 삼성전자와 SK하이닉스 등 세계에서 가장 경쟁력이 높은 반도체 생산업체들이 우리나라에 있기 때문입니다. 우리는 다른 나라와 비교해 비교우위에 있는 반도체 생산에 특화해 전 세계에 반도체를 수출합니다.

반대로, 비교우위에 있는 제품을 수출해 번 돈으로 비교열위에 있는 제품을 외국에서 수입합니다. 대표적인 게 바로 '장난감'입니다. 아마 여러분들이 갖고 있는 장난감을 조금만 관심 있게 살펴봤다면 'Made in China'라는 문구를 쉽게 찾아볼 수 있었을 겁니다. 인건비가 상대적으로 싼 중국은 사람 손이 많이 들어가는 경공업 제품 생산에 비교우위를 가지고 있습니다. 즉, 장난감이나 섬유 같은 경공업 제품에 특화되어 있는 것이죠. 우리나라와 달리 중국에서는 경공업 제품을 다른 나라에 수출하고, 벌어들인 돈으로 반도체와 첨단 기계 같은 제품을 우리나라나 일본에서 사가고 있습니다.

나만의 '달란트'를 찾아라!

나라 사이에만 비교우위가 있는 게 아닙니다. 석완이와 지은이가 그랬듯, 우리들은 누구나 다른 사람들보다 잘할 수 있는 '달란트 Talent'를 가지고 있습니다.

달란트는 원래 옛날 유대인들이 쓰던 질량과 화폐의 단위로, 후에 영어 단어 '탤런트 Talent'로 바뀌면서 타고난 재능을 뜻하게 되었습니다. TV 드라마에 나오는 사람을 일컫는 '탤런트' 역시 재능이 타고난 사람이라는 뜻입니다.

자신만의 달란트를 찾아, 이를 잘 개발하는 건 정말 중요합니다. 내가 옆에 있는 친구보다 공부를 못한다고, 아니면 운동을 못한다고 자책할 필요는 없습니다. 분명 다른 친구들보다 잘할 수 있는 자신만의 '달란트'가 있을 테니까요. 그런 달란트를 찾아, 개발하면 돼요. 사람을 비교한다는 건 어려운 일이지만, 자신의 달란트는 경제 문제에서 비교우위와 비슷한 의미입니다. 따라서 내가 잘할 수 있는 것을 찾아 그쪽에 집중하면, 즉 특화하면 다른 사람에게는 없는 자신만의 매력을 만들 수 있습니다.

탤런트가 타고난 재능이라고는 하지만, 자신의 달란트는 노력에 따라 충분히 개발할 수 있습니다. 우리나라에서 제일 축구를 잘했다고 평가받는 박지성 선수는 작은 키에 축구선수를 하기에는 어려운 평발을 가졌지만, 피나는 노력으로 국가대표를 넘어 잉글랜드 맨체스터 유나이티드의 주전 선수가 될 수 있었습니다. 다른 선수들이 걸어 다닐 때도 한 발 더 뛰고, 공격에 나섰다가도 순식간에 수비로 바꿔 동료를 돕는 박지성 선수의 플레이는 축구팬을 열광시켰죠.

2022년 카타르 월드컵에서 우리나라의 16강 진출에 결정적인 기여를 한 손흥민 선수와, 한국 축구선수로는 유일하게 한 경기 두 골을 터뜨린 조규성 선수도 대표적인 노력형 선수로 꼽힙니다.

어린 시절, 가난한 환경에서도 아버지 손웅정 씨로부터 기본

기와 인성 교육을 받은 손흥민 선수는 타고난 재능과는 별개로 초등학교 시절부터 연습 벌레로 유명했습니다. 손흥민 선수는 언론과의 인터뷰에서도 '손흥민 존(손흥민 선수가 주로 득점하는 페널티 인근 코너)'에 대해 "피나는 노력의 결과일 뿐, 재능으로 이뤄지는 건 아니다"라고 밝혔습니다.

조규성 선수도 어린 시절에는 축구선수로 큰 두각을 나타내지 못했지만, 군 복무 등을 거치며 철저한 자기 관리와 노력으로 실력을 인정받기 시작했습니다. 입대 전에는 188cm의 장신에도 78kg의 마른 체격에 '멸치'로 불리며 수비수들과의 몸싸움에서 번번이 밀렸지만, 치열한 노력을 통해 근육량을 5kg이나 늘린 건 유명한 일화입니다. 이를 통해 세계적인 수비수들과의 몸싸움에서도 밀리지 않는 힘과 체력을 기를 수 있었습니다.

"나는 왜 이렇게 잘하는 게 없을까?" 고민만 할 일이 아닙니다. 아직 여러분은 자신이 잘하는 일을 찾지 못했을 뿐입니다. 구름에 가려 해가 보이지 않을 때도 있지만, 구름이 걷히면 해는 언제든 빛을 내게 마련입니다. 구름에 가려있을 뿐, 해는 항상 그 자리에 있으니까요. 여러분도 언젠가 자신만의 달란트를 찾아 빛을 발할 때가 있을 겁니다. 설령, 그 달란트가 조금 부족하더라도 박지성 선수처럼 열심히 노력해 보세요. 그럼 타고난 달란트보다도 훨씬 더 빛을 발할 거예요.

분업과 아웃소싱

　분업은 현대 자본주의의 주요한 특징 가운데 하나로 꼽힙니다. 말 그대로 업무를 분야별로 잘게 쪼개서 나눠 일하면, 전문성이 높아지고 이를 통해 효율적인 기업 경영이 가능해집니다.

　대청소할 때를 떠올리면 쉽게 이해할 수 있을 거예요. 담임선생님이 반 친구 모두에게 "오늘은 대청소가 있으니까, 모두 청소 열심히 하세요"라고 말하는 것보다 "1분단은 창문을 닦고, 2분단을 교실을 청소하고, 3분단은 복도를 청소하세요"라고 말하면 훨씬 더 청소 시간을 줄이고, 깨끗이 청소할 수 있겠죠? 이처럼 업무를 쪼개 나눠서 일하게 되면, 분업화로 전문성이 높아지고, 책임감도 커져 자신이 맡은 일을 더 열심히 하게 됩니다.

　아담 스미스는 핀을 만드는 공장을 예로 들어 분업의 효과를 소개했습니다. 한 사람이 홀로 핀을 만드는 모든 공정을 맡게 되면 하루에 5개의 핀을 만들기도 힘들지만, 공정을 여러 단계로 나눠 많은 사람이 맡은 일만 하게 되면 한 사람당 하루에 10개 넘게 핀을 만들 수 있다고 말입니다. 실제로 산업혁명 이후 많은 기업들이 분업을 받아들이면서 비용은 줄이고 생산량은 크게 늘렸습니다. 분업을 전문화라고도 하는데, 이 같은 전문화는 경제가 발전하면서 갈수록 더 여러 갈래로 나뉘는 추세입니다.

물론 분업은 산업화 시대 이전에도 존재해 왔고, 어쩌면 인류가 탄생한 이후 가장 먼저 자연스레 도입한 경제 원리일 수도 있습니다. 채집과 농경이 중심이 됐던 과거에는, 남성은 육체적 노동을 바탕으로 한 생산 활동을 도맡았고, 여성은 출산과 육아를 담당했습니다. '성별性別' 분업이 자연스레 자리 잡게 된 셈이죠. 채집과 농경 사회에서 벗어난 현대 사회에서는 성별에 따른 분업은 대부분 사라져 가고 있습니다.

분업이 조금 더 확장된 의미로 '아웃소싱outsourcing'도 있습니다. 분업은 일반적으로 한 기업 내에서 일이 나뉘는 경우를 말하지만, 아웃소싱은 기업 간 경계를 뛰어넘는 개념입니다. 즉, 기업이 자신이 가장 잘하는 분야에만 집중하고, 다른 분야에 대해서는 다른 기업의 도움을 받는 것을 말합니다.

아웃소싱은 즉 '기업의 외부out'에서 필요한 물건이나 서비스를 '조달한다sourcing'는 의미입니다. 자동차를 만드는 데에는 2만여 개 이상의 부품이 필요하지만, 이 부품을 모두 자동차 회사가 만드는 건 아닙니다. 많은 협력업체를 통해 부품을 조달받는 '아웃소싱'으로 자동차가 만들어지는 것이죠. 예를 들어, 현대자동차는 자동차 엔진과 같은 핵심 기술 개발을 담당하고, 협력사가 시트, 유리, 핸들 등을 생산해 공급하면 부품들을 조립해 한 대의 자동차가 만들어집니다.

자유무역과 보호무역

무역은 국경을 넘어서 국가와 국가 사이에 이뤄지는 모든 상거래를 일컫는 말입니다. 무역은 크게 보호무역과 자유무역으로 나뉩니다. 보호무역은 말 그대로 각 나라의 정부가 나라의 산업과 경제를 보호하기 위해 무역에 어느 정도 제한을 두는 정책을 뜻합니다. 반면, 자유무역은 국가 간의 자유로운 교역이 자신의 나라뿐 아니라 세계 경제 발전에도 도움이 되기 때문에, 자유로운 교역을 제한하는 관세, 수입 제한, 환율 관리 등을 없애야 한다고 주장합니다. 그러나 현실에서는 여러 제한이 있어 어떤 국가도 완전한 보호무역이나 자유무역을 고집하지는 못합니다.

국가 간 상거래인 무역은 국내에서 이뤄지는 거래와 여러 차이점이 있습니다. 가장 중요한 차이점은 국경을 넘을 때 발생하는 관세입니다. 관세는 국가 간 교역이 이뤄지는 물품에 대해 매겨지는 일종의 '세금'을 말하는데, 정부는 자국의 산업 보호와 세금 확보 등 여러 이유로 관세를 매기고 있습니다. 하지만 최근에는 자유무역을 통해 얻는 경제적 이득이 관세를 매기는 것보다 훨씬 크다는 생각이 퍼지면서 관세를 계속 낮추는 추세입니다. 특히, 우리나라처럼 다른 나라와의 무역에 많은 부분을 의존하는 개방 경제일수록 자유무역의 혜택이 더 두드러집니다. 때문에 우리나라 정부는 미국, 중국, 유럽 등 주요 무역 대상국과 자유무역협정FTA: Free Trade Agreement을 맺고 있습니다.

보호무역은 자유무역의 '허점'을 파고들며 많은 개발도상국의 선택을 받았습니다. 경제 발전도가 선진국에 비해 낮은 후진국의 경우, 자유무역을 그대로 도입하면 국내 산업이 선진국에 종속될 수밖에 없습니다. 미처 산업이 발전하고 기업이 터전을 닦기도 전에, 이미 경쟁력을 갖춘 선진국 기업들에 안방을 내주게 되기 때문이죠. 자국의 산업을 보호하고, 이를 통해 국가 경제 발전을 앞당기자는 게 보호무역의 논리입니다.

보호무역과 자유무역은 오늘날까지 어떤 정책이 최선이라고 답할 수 없을 정도로 각각 장단점이 있습니다. 많은 경제학자들은 나라, 시기, 산업의 발전 정도에 따라 어떤 정책을 택할지 결정된다고 말합니다. 즉, 정답이 정해져 있는 게 아니라, 상황에 맞게 정책을 조합해야 한다는 것이죠.

예를 들어, 우리나라 정부는 1990년 초까지 자동차와 중화학 분야에서 보호무역 정책을 세워 한국 기업을 성장시켰습니다. 높은 관세와 수입 제한 조치로 선진국 기업이 쉽게 한국 시장에 진출하지 못하도록 한 것이죠. 반면, 최근에는 여러 나라와 자유무역협정을 맺으며 자유무역을 지향하고 있습니다. 물론, 농축산물과 같이 경쟁력이 약한 분야에 대해서는 여전히 많은 무역 제한 조치를 유지하고 있습니다. 이렇듯 각 나라의 무역 정책은 시대와 상황에 맞게 달라진다는 점을 기억하세요!

다음 주에는 반 대항 축구대회가 있습니다. 석완이네 반 친구들도 벌써부터 축구대회 준비에 들어갔습니다. 그런데 어떤 친구가 어느 포지션에 뛸지를 두고 친구들 간에 목소리가 커졌습니다. 이럴 경우, 어떻게 해결해야 할까요? 달리기를 잘해 공을 잘 모는 상철이, 누구보다 차분하게 상황에 대처하는 태화, 덩치가 크고 몸동작이 날쌘 민철이, 헤딩을 잘하는 택성이. 친구들의 능력에 맞는 포지션을 정해야 석완이네 반이 축구대회에서 좋은 성적을 거둘 수 있겠죠?

5

세상을
더
따뜻하게

개미와 베짱이가 함께 살아야 하는 이유 ──

스크루지가 눈물 흘린 까닭은? ──

　오늘은 한 달에 한 번 있는 아빠의 '가정교육' 시간입니다. 항상 재미있는 과학 실험과 역사 이야기를 해줬던 아빠, 오늘은 과연 어떤 얘기를 해주실까요? 서윤이는 잔뜩 기대에 찬 눈으로 아빠에게 물었습니다.

　"아빠, 오늘은 어떤 걸 가르쳐주실 거예요?"

　"서윤이 기대가 큰가 보구나. 오늘은 좀 무거운 주제인데, 아빠가 인터넷에서 보여줄 게 있단다."

　아빠는 인터넷에서 찾아놓은 동영상을 틀었습니다. 동영상에는 석완이, 서윤이보다 어린 네팔의 여자아이가 정으로 돌을 깨고 있었습니다. 네팔에서도 가장 가난한 마을에 사는 아이는 해가 뜨기도 전부터 돌 깨는 일을 시작해, 하루 종일 그 일을 하고 있었어요. 그렇게 하루 종일 일해서 버는 돈이 고작 하루에 1000원도 되지 않았습니다. 아이의 손은 정에 찌이고 돌에 깨져 성한 곳이 하나도 없었어요. 하지만 일을 해야만 동생들을 돌볼 수 있어 돌 깨는 일을 그만둘 수 없었지요.

"저렇게 어린 나이부터 일해야 한다니, 아이들이 정말 불쌍해요."

동영상을 본 석완이와 서윤이의 눈시울이 어느새 붉어졌습니다.

오늘 아빠의 수업 주제는 '나눔과 기부'였습니다. 아빠는 왜 우리 사회에 나눔과 기부가 필요한지에 대해 차근차근 설명해 주었어요. 그리고 힘들고 어려운 처지에 있는 사람들을 돕는 구호단체에 대해서도 알려 주었죠.

"세상에는 아직도 이렇게 어려운 환경에서 사는 사람들이 많단다."

"아빠, 그럼 우리도 용돈을 다 쓸 게 아니라, 그걸 아껴서 어려운 친구들을 돕는 건 어떨까요?"

"오! 아빠의 교육이 효과가 있구나. 너희들이 그런 생각을 하게 됐다니 말이야. 좋았어. 그럼 우리 모두 어려운 환경에 있는 아이들을 돕는 구호단체에 회원으로 가입할까?"

서윤이가 선뜻 나섰습니다.

"좋아요. 저는 이제 용돈의 10%, 아니 10%는 너무 많다. 5%는 꼭 어려운 사람들을 위해 쓰도록 할게요."

개미와 베짱이

개미와 베짱이 이야기는 너무 유명하지요? 간단히 설명하자면, 겨울을 대비해 여름 내내 열심히 일한 개미는 겨울을 풍족하게 날 수 있었지만, 여름 내내 놀기만 했던 베짱이는 겨울이 오자 추위와 배고픔에 떨 수밖에 없었다는 이야기입니다.

물론 이 이야기는 여기서 끝이 아닙니다. 개미가 추위와 배고픔에 떠는 베짱이를 도와주었기 때문이죠. 개미는 자신이 여름내 준비한 음식을 나눠주고, 따뜻한 쉼터까지 제공해 줬습니다.

길고 긴 겨울이 지나고 다시 봄이 왔습니다. 추운 겨울을 함께 난 개미와 베짱이는 둘도 없는 친구가 됐죠. 봄이 오자 개미는 다시 열심히 일을 했고, 베짱이는 열심히 일하는 개미를 위해 즐거운 노래를 불러 주었습니다. 자신을 도와준 개미의 은혜에 보답하기 위해서죠. 베짱이의 흥겨운 노랫소리에 신이 난 개미는 힘이 하나도 들지 않았어요. 그렇게 개미와 베짱이는 행복하게 겨울나기를 준비하였답니다.

만약, 추운 겨울날 개미가 베짱이를 외면했다면 어떻게 됐을까요? 분명 개미는 혼자 살아남았겠지만, 베짱이 없는 세상은 그렇게 재미있지 않았을 겁니다. 혼자 맞는 봄바람과 햇살도 베짱이와 함께했을 때보다는 훨씬 따뜻하지 못했을 거고요. 개미는 그렇게 어려움에 처한 베짱이를 도와주면서 자신도 행복하고 베짱이도 행복해지는 길을 선택했습니다. 나눔을 통해 자신도, 또 세상도 더 행복해질 수 있다는 걸 몸소 실천한 셈이죠.

저축만 하면 안 된다?

구두쇠만 모여 사는 세상은 어떨까요? 돈을 아끼고 모으는 데에 신경 쓰는 사람만 있다면 말이죠. 이러한 세상에서 개인은 부자가 될지 모르지만, 사회 전체의 부富는 오히려 줄어듭니다. 적정한 수준의 씀씀이, 즉 소비가 이뤄지지 않으면 모든 재화나 서비스의 가격이 떨어질 수밖에 없기 때문이죠. 경제는 소비를 하는 사람과 생산을 하는 사람의 균형이 맞을 때 바르게 작동합니다. 소비가 없는 세상은 곧 생산의 하락을 가져오고, 결국 경제는 심각한 불황에 빠져들게 되죠.

이처럼 개인이 돈을 모아도 사회가 부유해지지 않는 현상을 '저축의 역설(패러독스)'이라고 합니다. 자신의 소득에 비해 훨씬 더 많이 쓰는 과소비도 문제지만, 소비는 하지 않고 저축만 하는 과저축도 문제가 되죠.

2008년 발생했던 세계 금융시장의 위기는 미국 금융회사들의 부실에서 비롯됐습니다. 하지만 근본적인 원인은 미국인의 과소비에 있었습니다. 미국인들은 중국에서 값싼 제품들이 대거 수입되자 소비를 크게 늘리고 저축을 줄였습니다. 또, 앞다퉈 빚을 내서 집을 사기 시작했는데, 자연스레 집값에 '거품'이 생기고 말았죠. 하지만 사람들은 집값이 더 오를 것으로 보고, 비싼 가격에도 집을 계속 사들였습니다.

하지만 집값이 내려가는 건 순식간이었습니다. 사람들이 비싼 집값을 견디다 못해 팔기 시작하면서 집값은 급격히 떨어졌고, 빚을 내서 집을 산 사람들은 은행에 돈을 제때 갚지 못하게 되었습니다. 빌려준 돈을 돌려받지 못한 은행들은 하나 둘씩 어려워졌고, 일부 은행들은 망하기도 했죠.

경제 위기를 겪은 미국 사람들은 위기를 극복하는 과정에서 소비를 큰 폭으로 줄이기 시작했습니다. 소비를 줄이고 저축을 늘린 것이죠. 그러자 또 다른 문제가 생겨났습니다. 소비와 함께 생산도 줄어들기 시작한 것이죠. 특히, 미국 시장에 많은 물건을 수출해 왔던 중국 기업들은 큰 어려움을 겪게 됐습니다.

이처럼 한꺼번에 소비가 크게 줄어들면 수요와 공급의 원리에 의해 제품이나 서비스 가격이 하락하고, 기업들은 물건을 만들어도 팔지 못하는 상황에 이르게 됩니다. 미국 사람들은 저축을 늘려 경제 위기를 극복해보려 했지만, 오히려 '저축의 역설'에 빠져들고 말았습니다.

헬퍼스 하이(Helper's high)

여러분 혹시 '러너스 하이Runner's high'라는 말을 들어본 적이 있나요? 마라톤이나 오래달리기 등에서 어느 정도 뛴 후에 몸도 가벼워지고 기분도 좋아지는 현상을 '러너스 하이'라고 합니다. 러너스 하이는 마라톤뿐 아니라 지속적인 운동을 통해 얻게 되는 정신적 쾌감과 기쁨을 표현하는 말입니다.

우리 몸은 육체적 스트레스가 누적되면 이를 이겨내기 위해 중추신경계에서 화학 전달물질을 만들어 냅니다. 이 물질이 육체적 피로를 희열로 바꾸는 것이죠. 때문에 러너스 하이를 겪으면 아무리 힘든 운동이라도 즐겁게 운동하게 된다고 합니다.

이러한 러너스 하이에 빗대 '헬퍼스 하이Helper's High'라는 말도 있습니다. 봉사활동을 하거나 어려운 사람들을 도울 때 느끼는 행복한 마음이 바로 헬퍼스 하이입니다. 헬퍼스 하이는 러너스 하이보다 훨씬 더 행복감이 높을 뿐 아니라, 지속 기간도 깁니다. 이렇듯 봉사를 통해 얻는 희열과 행복감은 뇌의 엔도르핀을 증가시켜 마음의 풍요로움을 가져다줍니다.

《선행의 치유력》이라는 책을 쓴 앨런 룩스Allan Lucks는 자원봉사자들을 대상으로 행복감을 조사했습니다. 조사 결과, 응답자의 95%가 봉사를 통해 자긍심, 안정감, 행복감을 느꼈다고 답했습니다. 봉사가 다른 사람은 물론, 자신을 돕는 좋은 일이라는 게 증명된 셈이죠. '남을 돕는 일인데 내가 더 행복해집니다'라는 유명한 광고 카피가 거짓말은 아닌가 봐요.

나눔의 기쁨은 줄지 않는다!

앞서 '한계효용 체감의 법칙'을 설명하면서, 효용은 소비가 늘어날수록 줄어든다고 설명했습니다. 특정 재화에 대한 소비가 계속해서 증가하지 않고, 일정 수준의 소비를 넘기면 더 이상 증가하지 않게 되는 현상을 가장 잘 설명하는 경제 논리죠. 감정도 마찬가지여서, 아무리 강한 감정도 경험이 반복되고 시간이 지나면서 무뎌지게 마련입니다. 경제학에서 설명하는 '한계효용 체감의 법칙'을 심리학에서는 '쾌락 적응Hedonic Adaptation'으로 설명합니다.

선행과 나눔에 따른 효용, 즉 내 것을 도움이 필요한 다른 사람들과 나눌 때 얻는 기쁨은 어떨까요? 재밌는 실험 결과가 하나 있어 소개하려 합니다. 미국 심리학자인 에드 오브라이언과 사만타 캐서러의 연구 결과를 보면, 선행과 나눔을 통해 얻게 되는 행복감은 그 경험이 반복된다고 하더라도 줄어들지 않거나 적어도 다른 효용에 비해 훨씬 적게 줄어든다는 사실을 알 수 있습니다.

실험은 다음과 같은 방식으로 이뤄졌습니다. 대학생을 대상으로 매일 5달러를 나눠주었는데 특정 그룹은 이 5달러를 자신을 위해 제한 없이 사용할 수 있도록 했습니다. 반대 그룹에게는 불우 이웃을 돕는 복지재단에 기부할 수 있도록 하고, 매일 밤 자신이 어떻게 돈을 썼고 행복감은 어느 정도였는지를 물었습니다. 실험 데이터를 살펴보면 자신에게 돈을 쓴 사람들의 행복감은 조금씩, 꾸준히 감소하는 양상을 보였습니다. 한계효용이 체감하면서 '쾌락 적응 법칙'이 작동한 셈이죠. 이와 반대로 꾸준히 기부를 한 사람들은 행복감이 감소하는 정도가 훨씬 적은 것은 물론, 때론 전날보다도 행복감이 증가하는 경우도 있었습니다.

또 다른 실험을 통해서도 같은 결과를 확인해 볼 수 있었는데요. 게임 상금을 자신이 갖거나 기부하는 경우를 가정했을 때 마지막 실험에서의 행복감 역시 기부를 택한 사람들이 훨씬 더 높았습니다. 연구진은 이에 대해 '결과'보다는 '행위' 자체에서 가치를 찾게 되는 경우 만족감이 줄어드는 정도가 훨씬 적은 것으로 파악했습니다. 기부 행위가 사회 구성원으로서 자신의 존재감을 높이는 것은 물론 사회적 연대감을 높인다는 점에서 행복감을 유지시키는 것으로 봤습니다. 또 자신의 평판을 높이고, 사회가 긍정적으로 변화하는 데 기여한다는 점에서 다른 경험보다 효용의 감소가 적은 것으로 나타났습니다. 실제 기부를 하는 사람들을 보면 일회성 기부에 그치는 게 아니라 꾸준히, 지속적으로 기부를 이어가는 경우가 많다는 점에서 "나눔의 기쁨은 줄어들지 않는다"는 말은 거짓이 아닌 것 같습니다.

마더 테레사 효과

인도 콜카타에서 평생을 가난하고 병든 사람을 위해 봉사하며 살았던 테레사 수녀. 1910년 마케도니아공화국에서 태어난 테레사 수녀는 '가장 가난한 사람들을 위해 일하라'는 하느님의 계시를 받고 1950년 '사랑의 선교 수녀회'를 설립했습니다. 이후 빈민, 고아, 나병 환자 등 가장 어려운 곳에 있는 사람들을 돕는 데에 일생을 바쳤는데요. 때문에 그녀는 생전에 '빈자의 성녀'로 사람들의 존경을 한 몸에 받았습니다. 1979에는 인류에 대한 사랑과 봉사 정신을 인정받아 노벨평화상을 받기도 했습니다.

테레사 수녀가 봉사했던 곳에는 이런 문구가 남아 있다고 하네요.

"만약 그대가 두 개의 빵을 갖고 있다면 하나는 가난한 사람에게 주고, 다른 하나는 팔아 히아신스 꽃을 사세요. 그대의 영혼을 사랑으로 가득 채우기 위해."

마더 테레사 수녀의 이름에서 비롯된 '마더 테레사 효과Mother Theresa Effect'란 남을 도우면서 겪게 되는 정신적, 육체적 변화를 뜻합니다. 도움이 필요한 사람에게 도움을 주고, 심지어 다른 사람이 남을 돕는 것을 보는 것만으로도 인간의 면역력이 강화된다고 합니다. 실제로 하버드 의대에서 돈을 받고 남을 돕는 사람과 자원봉사로 남을 돕는 사람을 비교하여 조사한 적이 있습니다. 조사 결과, 자원봉사를 하는 사람이 그렇지 않은 사람에 비해 훨씬 더 건강하게 살고 있었다고 하네요. 심지어 테레사 수녀의 전기를 읽거나 사진을 보는 것만으로 면역력과 행복감이 커졌는데, 이를 두고 연구진은 '마더 테레사 효과'라고 부르기 시작했습니다.

저축과 투자

저축과 투자. 같은 듯 다른 두 개념의 차이는 무엇일까요? 저축과 투자의 차이를 잘 이해하기 위해서는 먼저 '위험'과 '수익'이라는 개념을 알아두어야 합니다. 위험과 수익의 정도에 따라, 돈을 모으는 방법이 저축이 될 수도, 투자가 될 수도 있기 때문이죠.

먼저 저축은 수익을 포기하는 대신 안전을 도모하는 데에 중점을 두고 있습니다. 가장 대표적인 저축 방법으로는 은행 예금이 있습니다. 예금은 통장에 넣어둔 돈을 안전하게 보장해 줍니다. 대신 미리 정해진 이자율에 따라 받는 이자 외에는 더 이상의 수익을 거둘 수 없습니다. 주어진 이자율은 시중에서 결정되는 최소 수준의 수익에 불과한 수준이지만 원금, 즉 원래 갖고 있던 돈을 잃지 않는 게 중요하다고 여기는 사람들은 예금을 선택하지요.

예금의 가장 큰 특징은 '예금자보호법'을 통해 설령 은행이 망하더라도 예금을 돌려받을 수 있다는 것입니다. 예금자보호법은 예금과 이자를 포함하여 1인당 최대 5000만 원까지 돌려받을 수 있게끔 보장한 법입니다. 은행이 돈을 돌려줄 수 없는 경우 정부가 대신 돌려준다는 약속 같은 것이죠.

반대로 투자는 높은 수익을 얻을 수 있지만 위험을 감수해야 하는 것을 말합니다. 저축과 달리 위험을 높여서라도 수익을 조금이라도 더 얻으려는 데 목적이 있지요. 자신이 투자한 상품의 값어치가 가격 변동에 따라 떨어질 수 있지만, 만약 가격이 오르면 시세 차익이라고 불리는 '수익'을 얻는 원리입니다.

가장 대표적인 투자 방법으로는 주식 투자가 있습니다. 주식을 싸게 사서 비싸게 팔면 높은 수익을 얻을 수 있지만, 반대의 경우에는 원금을 크게 잃을 수 있죠. 기업이 다른 사람의 돈을 빌려 쓰기 위해 발행하는 채권도 마찬가지입니다. 채권 값은 주식 가격에 비해 변동 폭이 훨씬 적기는 하지만 역시 시시각각 변합니다. 심지어 채권으로 돈을 빌린 기업이 망하면, 채권은 휴지 조각이 될 수도 있거든요. 이렇게 되면 원금을 모두 날리게 되는 것이죠. 부동산을 사는 것도 투자 중 하나로 꼽히는데, 부동산 가격이 항상 일정하게 오른다는 보장은 없습니다.

저축과 투자를 구분하는 두 개념, 위험과 수익은 항상 비례 관계에 있습니다. 즉, 높은 수익에는 큰 위험이, 적은 위험에는 낮은 수익이 이뤄지는 것이죠. 은행 예금처럼 원금 손실의 위험이 낮으면 수익도 낮을 수밖에 없고, 반대로 주식 투자처럼 위험이 높으면 수익이 높을 수 있습니다.

저축과 투자 가운데 어떤 것을 선택할지는 어떤 돈을 쓸 것인지, 어느 정도 위험성을 감수할지, 기대하는 수익률이 얼마인지에 따라 달라집니다. 수익을 적게 얻더라도 원금을 지키고 싶은 경우에는 저축을, 반대로 원금을 조금 잃더라도 수익을 더 얻고 싶은 경우에는 투자를 선택해야 하죠. 이렇듯 저축과 투자의 차이와 수익과 위험의 관계를 명심한다면 현명한 경제생활에 한 걸음 더 다가갈 수 있습니다.

이번 방학에 서윤이는 사회복지시설인 '음성 꽃동네'에 봉사활동을 다녀왔습니다. 음성 꽃동네는 오갈 곳 없는 부랑인과 심신 장애인을 위해 설립된 복지시설이죠.

처음에 서윤이는 사람들에게 다가가는 것을 어려워하였습니다. 하지만 몇 시간 함께 어울리고 나니, 자신의 조그만 도움에도 고마워하는 친구들을 보며 마음 한편이 따뜻해졌습니다. 그리고 어려운 처지에 놓인 사람들을 도울 수 있음에 행복했습니다. 서윤이는 어려운 이웃들과 함께 잘 사는 세상을 만들고 싶은 생각이 들었습니다. 다같이 함께 잘 사는 세상, 우리는 어떻게 만들어 갈 수 있을까요?

6

인간의
이기심과
북극곰의 눈물

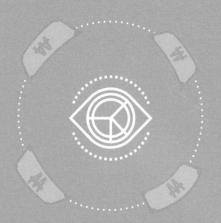

공중화장실에 휴지가 잘 떨어지는 이유는? ___

'보이지 않는 손'과 '보이는 손'의 관계 ___

　북극의 커다란 빙산이 무너져 내립니다. 빙산 조각에 하얗게 일어나는 거품과 귀를 찢을 듯한 굉음. 무너져 내린 빙산 위로 느릿느릿 북극곰 한 마리가 지나갑니다. 떨어져 나간 빙산 조각을 물끄러미 바라보던 북극곰은, 살 곳을 찾아 길을 떠납니다. 아기 곰 두 마리가 엄마 곰의 뒤를 졸졸 쫓습니다. 아기 곰이 엄마 곰처럼 컸을 때, 기대어 살아갈 빙산은 과연 얼마나 남아 있을까요? TV 화면 속 녹아내리는 빙산을 보던 석완이의 얼굴이 어두워졌습니다.

　"아빠, 북극 빙하가 계속 녹아내리면, 북극곰이 살 곳이 없어질 것 같아요."

　석완이의 말에 아빠가 대답합니다.

　"그러게 말이다. 빙하가 다 녹으면 그렇게 되겠지? 앞으로는 북극곰을 동물원에서나 볼까 걱정이구나."

"그런데 빙하가 이렇게 녹는 이유가 지구가 뜨거워져서라는데, 지구는 왜 자꾸 뜨거워지는 거예요?"

"지구가 계속 더워지는 걸 지구온난화라고 하는데, 환경오염이 심해지면서 오염 물질이 지구에서 나오는 열을 밖으로 내보내지 못하도록 막아서 일어난 현상이란다."

요즘 들어 석완이의 질문이 부쩍 많아졌습니다. 많은 걸 알아갈수록 더 많은 게 궁금해지는 세상. 세상을 보는 석완이의 눈이 그만큼 넓어졌기 때문이겠죠. 석완이의 질문 공세가 이어집니다.

"이렇게 가다보면 결국 북극이나 남극의 빙하가 다 없어지겠어요. 그럼 일본 같은 섬나라는 진짜 물에 잠기게 되는 거 아니에요?"

"요즘처럼 지구온난화가 빠르게 진행되면 2050년에 해수면이 2미터 정도 상승한다는 연구 결과도 나왔더구나. 2미터가 대수롭지 않게 들릴지 모르겠지만, 이탈리아 베니스, 태국 방콕, 네덜란드 암스테르담 같은 도시는 물에 잠길 수 있단다."

"정말요? 그럼, 이 문제를 꼭 해결해야겠네요. 어떻게 해결할 수 있나요?"

"좋은 질문이구나. 그래서 세계 주요 나라들이 세계기후변화협약을 맺고 지구온난화를 막기 위해 여러 조치들을 내놓고 있단다. 대기 오염을 줄여서 온난화 문제를 해결하자는 건데, 그러려면 모든 나라들이 조금씩 희생해야 해. 그런데 그게 말처럼 쉽지 않단다. 그래도 이 문제는 우리의 미래를 위해서 꼭 풀어야 할 숙제란다."

이기적인 인간, '공유지의 비극'을 만들다

중세 유럽에서는 한 마을에 넓은 초원이 펼쳐져 있고, 농부들이 초원에서 사이좋게 양과 소를 키우며 살았습니다.

그러던 어느 날, 마을의 영주는 초원의 목초지를 일정하게 나눠 농부들에게 주었습니다. 그리고 그 안에서만 양과 소를 키우도록 했지요. 그렇게 하면 농부들이 더 열심히 일할 거라 생각한 것이죠. 그리고 농부에게 나눠 주고 남은 땅은 모든 사람들이 사용할 수 있도록 했습니다. 얼마간은 영주의 판단이 옳은 것 같았습니다. 농부들이 자신만의 목초지에서 더 열심히 일을 했으니까요. 그런데 뜻밖의 일들이 벌어지고 말았습니다. 어떤 일이었을까요?

자신의 땅에서만 양과 소를 키우던 농부들이 언제부터인가 남은 땅, 즉 '공유지'에 슬그머니 방목을 시작한 것이죠. 한 농부가 시작하자 다른 농부들도 너나 할 것 없이 공유지에 양과 소를 풀었습니다. 다른 농부가 공유지에서 이익을 내는 것을 보고 있을 수만은 없었기 때문이죠.

얼마 지나지 않아 공유지는 잡초 하나 남지 않은 폐허로 변하고 말았습니다. 어느 농부도 공유지에 풀이 충분히 자랄 수 있도록 퇴비나 시간 여유를 주지 않았습니다. 그제야 영주는 자신의 어리석음을 깨달았습니다. 주인 없는 공유지는 그렇게 인간의 이기심과 무관심으로 폐허가 되고 말았죠.

'공유지의 비극Tragedy of the Commons'으로 불리는 이 현상은 1968년 미국의 생물학자인 가렛 하딘Garrett Hardin에 의해 과학적으로 증명됐습니다. 공유지의 비극은 현대에서 초원, 공기, 호수 속 물고기 등 공동체가 모두 사용해야 할 자원에 아무런 개입이나 단속이 이뤄지지 않으면 인간의 이기심으로 자원이 고갈되는 현상을 일컫습니다. 자연을 수요와 공급에 따른 자율적인 시장 원리로만 보면, 공유지의 비극 같은 '시장 실패'가 일어나고 맙니다. 때문에 공유지의 비극을 막을 적절한 규율이 필요하다는 주장이 일어났습니다.

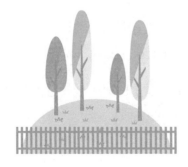

공중화장실에 휴지가 잘 떨어지는 이유

공유지의 비극은 우리의 일상에서도 쉽게 접할 수 있습니다. 공중화장실을 예로 들어볼까요? 먼저 여러분 집의 화장실과 공중화장실, 더 가깝게는 학교 화장실을 한번 비교해 보세요. 집 안의 화장실은 부모님뿐 아니라, 여러분도 항상 깨끗이 사용하고 관리하지요? 하지만 공중화장실에서는 사람들이 휴지도 마음대로 버리고, 심지어 물을 안 내리고 가기도 합니다. 때문에 아무리 관리를 잘한다고 한들 공중화장실은 항상 지저분하게 마련입니다. 깨끗하게 써야겠다는 마음이, 아무래도 자기 집 화장실에서만은 못하기 때문이죠.

재미있는 실험 결과도 있습니다. 집 화장실과 공중화장실에서 쓰는 휴지 길이에 큰 차이가 있다는 것인데요. 집에서는 두 겹 휴지를 기준으로 평균 큰일(?)을 치렀을 때 60센티미터를 사용했지만 공중화장실에서는 90센티미터로 평균 30센티미터 이상 휴지를 많이 쓴다고 합니다. 휴지처럼 가격이 저렴한 물건이라고 해도, 자신의 것일 때는 아껴 쓰지만 다른 사람이 주인일 때는 필요 이상으로 휴지를 많이 쓰는 셈입니다. 급한 일을 처리하러 공중화장실에 갔을 때, 유난히 휴지가 떨어진 경우가 많았던 데에는 바로 이런 경제 원리가 작용하고 있었던 겁니다. 휴지를 자주 갈지 않아서가 아니라, 자주 갈아도 항상 떨어졌던 것이죠. 이쯤 되면 공유지의 비극이 아니라, '공중화장실의 비극'이라고 해야 할까요? 공중화장실에서 휴지가 없어 고생했던 사람이라면, 나 자신부터 휴지를 아껴 쓰는 것은 어떨까요?

시장은 신이 아니다!

앞서 공유지의 비극은 '시장 실패'에서 원인을 찾을 수 있다고 하였는데요. 그렇다면 시장 실패란 무엇일까요? 본래 자유주의 시장경제에서 시장은, 아담 스미스가 말한 '보이지 않는 손'에 의해 균형을 찾습니다. 그러나 항상 균형을 이룰 수 있는 건 아니어서, 시장이 제대로 작동하지 않고 오히려 불균형을 이루기도 하는데, 이를 시장 실패라고 합니다.

시장 실패는 우리 주변에서 간혹 발견할 수 있습니다. 그중 공유지의 비극은 대표적인 시장 실패 사례이죠. 눈앞의 이익을 위해 미래의 이익을 완전히 잃을 수 있는 것이 바로 공유지의 비극입니다. 환경오염, 질병 발생 등, 여러 사회 문제가 일어나더라도 이익을 최대한 얻으려는 기업의 행동도 대표적인 사례입니다. 유해물질이 포함된 가습기 살균제를 판매했다 많은 생명을 앗아간 사건이 있었는데, 이 또한 혹시 모를 부작용은 생각하지 않고 이익에만 집착하다 일어난 비극으로 볼 수 있습니다. 화학물질에 대한 독성 실험을 해야 했지만, 회사는 실험을 하지 않고 그것으로 가습기 살균제를 만들어 팔았습니다. 이익에만 관심을 둔 기업의 탐욕이 결국 무고한 시민의 생명을 앗아간 셈입니다.

반대의 경우도 있습니다. 꼭 필요한 재화나 서비스라고 해도 시장에만 의존하면 적은 양만 생산되는 경우입니다. 예를 들어, 인구가 적은 외딴 섬에는 '경제성'과 '시장성'만 고려하면 병원이 있을 수 없습니다. 돈이 안 되기 때문이죠. 그렇다고 이 지역 사람들에게 적절한 의료 서비스를 제공하지 않을 수는 없습니다. 때문에 정부는 이러한 곳에 따로 보건소를 두고 지역 주민의 건강을 책임지고 있습니다.

시장에 불완전경쟁이 있을 때도 시장 실패는 일어납니다. 독점이 그 예인데요, 독점은 하나의 기업이 생산과 시장을 지배하는 상태를 말합니다. 독점 기업은 이익을 최대화하기 위해 물건에 보통보다 훨씬 더 높은 가격을 매깁니다. 소비자는 물건이 비싸도 어쩔 수 없이 독점 기업의 제품을 사게 되니 피해를 보는 것이죠. 때문에 세계 각국에서는 모든 사람이 공동으로 이용하는 공공재를 제외한 모든 사업에 '독점'을 강력하게 규제하고 있습니다.

독점보다는 범위가 넓지만, 두세 개의 소수 기업이 시장을 장악하는 '과점'의 경우에도 마찬가지입니다. 기업들이 경쟁은 커녕 담합하여 가격을 올리는 탓에 소비자가 피해를 보는 것이죠. 과점 기업들이 큰 이익을 얻으려 시장을 조정하는 행위를 '카르텔cartel'이라고 합니다. 독과점(독점과 과점)은 중소기업을 비롯한 영세 사업자의 이익까지 빼앗기 때문에 경제에 많은 악영향을 끼칩니다.

보이지 않는 손 vs 보이는 손

이러한 시장 실패를 막으려면 어떻게 해야 할까요? 시장 실패는 경제 성장을 가로막는 주요한 요인입니다. 아담 스미스의 말마따나 '보이지 않는 손'에 시장을 맡기기에는 시장 실패로 일어나는 생산자와 소비자의 고통이 매우 크지요.

그래서 등장한 게 바로 '보이는 손'입니다. '보이지 않는 손'과 달리 '보이는 손'은 시장이 제대로 돌아가지 않는 부분에 대해서는 적절한 규제가 필요하다는 원리입니다. 권투를 예로 들어볼까요? 100킬로그램이 넘는 헤비급 선수와 50킬로그램밖에 되지 않는 플라이급 선수가 권투 시합을 한다면 어떻게 될까요? 결과는 누가 보더라도 뻔할 것입니다. 그렇다면 이번에는 체격이 작은 선수가 단점을 극복하기 위해 링 위에 올라 이

종격투기 선수처럼 발을 쓰면 어떨까요? 공정한 경기가 되지 않겠죠?

그래서 권투에는 비슷한 체격의 선수끼리 시합을 하고, 반드시 글러브를 낀 주먹으로만 공격하게 하는 규율, 즉 '룰'이 생겼습니다. 권투선수들은 주어진 룰에 따라 정정당당하게 승부하고, 그 승부에서 이겼을 때만 챔피언의 영예를 가질 수 있습니다. 경제도 마찬가지입니다. 이렇듯 정정당당한 승부를 가능하게 하는 룰이 바로 '보이는 손'입니다.

그렇다면 언제 '보이지 않는 손'이 필요하고, 언제 '보이는 손'이 필요한 걸까요? 정답은 시대나 환경에 따라 매번 달라진다는 것입니다.

우리나라는 2000년대 전까지 성장을 중시하며 시장의 효율성을 강조해 왔습니다. 때문에 '보이지 않는 손'의 역할이 컸지요. 대기업은 막대한 자본을 바탕으로 다양한 사업에 진출하였고, 담합으로 부당이득을 얻기도 하였습니다. 그러다 2000년대 이후 성장 중심에 대한 비판이 늘어났습니다. 대기업의 횡포에 맞서 공정한 거래를 하자는 움직임이 나타났지요. 시장이 항상 옳을 수 없다는 목소리가 커지자 '보이는 손'이 등장하기 시작했습니다.

물론 '보이지 않는 손'과 마찬가지로 '보이는 손'도 역할이 지나치게 커지면 부작용이 일어납니다. 예를 들어, 공산주의는

'보이는 손'으로 모든 경제활동을 계획하려 했지만, 불과 100년도 안 돼 실패하고 말았지요. 이렇듯 앞으로 세계 경제는 '효율'과 '공정' 사이에서 끊임없는 줄다리기를 반복하며 최선의 방법을 찾아야 할 것입니다.

MZ세대의 최대 화두가 된 '공정'

최근 우리 사회의 가장 큰 화두는 '공정fair'입니다. 2022년 치러진 대통령 선거에서도 공정은 유권자들이 후보 중 한 명을 선택하는 데 있어 중요한 기준으로 작용했습니다. 윤석열 대통령은 "공정과 상식을 바로 세우겠다"라는 대표 구호를 내세워 대통령에 당선됐습니다.

특히, 1982년 이후 출생자들로 구성된 MZ세대는 다른 어떤 세대보다 공정의 가치에 민감한 것으로 평가받고 있습니다. 과거 산업화 시대에는 당연했던 고도성장이 마무리되고, 한국 경제가 저성장 시대에 접어들면서, 더 이상 늘어나지 않는 파이를 두고 각자의 경쟁이 심해지다 보니 공정한 경쟁에 대한 요구가 커진 것으로 보입니다.

예를 들어, 과거 인천국제공항공사에서 일하는 보안 요원 등 비정규직 근로자를 정규직으로 전환하겠다고 했던 전 정부의 정책은, 공항공사 입사를 준비하는 다른 청년들로부터 불공정하다는 비판을 샀습니다. 비정규직이 정규직으로 전환되면, 필연적으로 신입 정규직 채용이 줄어들 수밖에 없기 때문에 입사를 준비하는 사람들에게는 불공정한 처사라는 겁니다.

조국 전 법무부 장관의 딸이 교수인 아버지와 어머니의 후광을 바탕으로 명문대학에 다른 학생들보다 쉽게 진학하고, 가정 형편이 어려운 사람들이 받아야 할 장학금을 받고 의학 전문 대학원까지 진학했다는 것도 청년들에게 큰 박탈감을 주었습니다.

'공정公正'은 사전에서 공평하고 올바름을 뜻하는 말이라고 정의하고 있습니다. 사회가 선진화할수록 부정과 반칙, 특권은 줄고 의사결정 과정이 투명해지면서 더 공정한 사회가 됩니다. 또, 어느 정도 경제적인 욕구가 해결되기 전까지는 '효율'이 공정보다 앞선 가치로 인정받는 분위기 때문에 공정과 정의에 대한 요구도 좀처럼 부각되지 않는 특성이 있습니다.

명확히 규정된 공정의 사전적 정의와 달리, 공정에 대한 평가는 개인에 따라, 또 사회적 가치와 규범에 따라 달리 적용될 수도 있습니다. 우리나라에서 무엇이 공정한 것인가를 두고 논쟁이 한창 진행 중인 것도 이런 이유 때문입니다. 국민권익위원회가 국민 2000명을 대상으로 시행한 설문조사에서 응답자의 54%가 "우리 사회가 공정하지 않다"라고 답한 것도, 공정에 대한 우리 사회의 인식은 발전한 반면 현실은 과거와 크게 달라진 바 없는 데서 비롯됐다고 할 수 있습니다.

"기회는 균등해야 하고, 과정은 공정해야 하며, 결과는 정의로워야 한다"라는 말에 공감하지 않는 사람은 없을 겁니다. 그러나, 과정의 공정을 보장하는 게 말처럼 쉬운 일은 아닙니다. 어떤 이는 "시험이야말로 가장 공정한 경쟁"이라고 하겠지만, 좋은 시험 성적을 받을 수 있는 환경에 있는 사람과 그렇지 못한 사람과의 차이를 모두 무시하는 건 공정하지 않을 수도 있습니다. 이 때문에 우리 사회는 지금도 어떻게 과정의 공정을 보장할 것인가를 두고 많은 논의를 이어 가고 있고, 조금씩 더 공정한 사회로 나아가고 있습니다.

허생전에 숨은 독과점의 그림자

한양 남산골에서 글만 읽으며 가난하게 살던 허생. 어느 날, 허생은 "글만 읽지 말고 밖에 나가 돈 좀 벌어오라"는 부인의 등쌀에 밀려 결국 저잣거리로 향합니다.

조선 최고의 갑부 변 씨에게 1만 냥을 빌린 허생은 빌린 돈으로 지방에서 올라오는 과일을 잔뜩 사들였습니다. 결국 시장에는 과일이 동났죠. 이후 허생이 사둔 과일을 풀지 않아 과일 값이 치솟았고, 아무리 양반이라고 해도 허생에게 비싼 값에 과일을 살 수밖에 없었습니다. 이렇게 해서 허생은 단숨에 10만 냥을 벌었습니다.

10만 냥을 손에 쥔 허생은 그길로 제주도로 내려가 말총을 모두 사들였습니다. 말총은 말의 갈기나 꼬리의 털을 말하는데, 양반들이 쓰는 망건과 갓을 만드는 주재료였습니다. 그러자 이번에는 말총 값이 치솟았고, 허생은 더 큰 부자가 될 수 있었습니다.

허생은 이렇게 번 돈으로 무인도에 유랑민이 살 수 있도록 터전을 마련해 주었습니다. 그곳에서 농사를 짓고 살던 허생은 어느 날 일본에 흉년이 들었다는 소식을 듣고, 3년 치 곡식을 뺀 나머지를 모두 일본에 내다 팔아 또 100만 냥이라는 큰 돈을 법니다. 그러고는 100만 냥 중 50만 냥을 조선에 가져와 가난한 사람들에게 나눠줬습니다. 허생은 변 씨에게 빌린 돈 1만 냥의 10배인 10만 냥을 갚은 후, 다시 남산골 집으로 돌아왔습니다.

많은 친구들이 알다시피, 허생은 연암 박지원이 쓴 한문 소설 《허생전》에 등장하는 주인공이지요. 독과점을 이야기하는데, 왜 소설 주인공인 허생의 이야기를 했는지 궁금한가요?

어떻게 허생은 손쉽게 돈을 벌 수 있었을까요? 바로 1만 냥이라는 큰돈이 있었고, 그 돈으로 매점매석을 할 수 있었기 때문입니다. 매점매석이란 값이 오를 만한 물건을 몽땅 사들여 값이 오를 때까지 팔지 않는 행동을 말합니다. 《허생전》에서 허생의 매점매석은 유쾌해 보이지만, 실제 매점매석은 소비자의 희생을 강요합니다. 싸게 사서 비싸게 파는 사람은 이익을 보겠지만, 비싼 값에 울며 겨자 먹기로 사야 하는 소비자는 손해를 볼 수밖에 없죠. 허생이 번 돈을 모두 가난한 사람들에게 나눠줬다고는 하지만, 돈을 버는 과정은 그리 올바르지 않은 셈입니다.

우리나라를 비롯해 세계 주요 나라들이 이 같은 매점매석을 엄격하게 금지하는 것도 같은 이유입니다. 자유로운 경제활동을 보장하는 자유민주주의 국가라고 하더라도, 정부는 독과점이 일어나지 않도록 경계하고 있습니다. 자유란 다른 사람에게 피해를 끼치지 않을 때 가장 가치 있는 것처럼, 자유로운 경제 활동 역시 마찬가지입니다.

독과점과 완전경쟁

'모노폴리Monopoly'라는 보드 게임을 알고 있나요? 모노폴리는 주사위를 던져 세계 주요 도시에 자신만의 건물을 짓고, 그 도시를 지나는 사람들에게 돈을 받아 결국 가장 많은 돈을 버는 사람이 이기게 되는 게임입니다. 즉, 주사위를 던져 해당 도시를 방문하는 사람은 어쩔 수 없이 그 도시를 차지한 사람에게 돈을 내야하는 것이죠. 이처럼 다른 선택 없이 소비자가 어느 한 기업의 제품을 사야만 하는 경우가 바로 독점, 영어로 모노폴리monopoly입니다. 게임 이름이 모노폴리인 것도 이러한 게임 규칙 때문이죠.

시장에는 많은 수요와 소비자가 있는 것처럼, 많은 공급과 생산자도 있습니다. 다수의 공급자는 경쟁을 통해 소비자의 수요를 충족시키고, 이 과정에서 '보이지 않는 손'이 가격을 결정합니다.

하지만 시장이 독점에 놓이면 생산자는 더 이상 소비자의 사정을 고려하지 않습니다. 경쟁자가 없으니 이익을 최대한 얻기 위해 높은 가격을 정하는 것이죠. 소수의 기업이 경쟁하지 않고 담합하는 과점도 마찬가지입니다. 경쟁할 필요가 없으니 다 같이 높은 가격을 정하죠. 소비자는 제품이나 가격이 마음에 들지 않아도 어쩔 수 없이 독과점 기업의 제품을 살 수밖에 없습니다.

독과점과 달리, 다수의 공급자와 다수의 소비자가 존재하는 시장을 완전경쟁시장이라고 부릅니다. 완전경쟁시장에서는 공급자 간의 경쟁을 통해 공급량이 결정되고, 거기에 소비자의 수요가 합쳐져 가격이 결정됩니다. 이론상으로 완전경쟁시장에서 소비자의 이익은 커집니다. 공급자 사이에 치열한 경쟁이 이뤄지면, 기술 개발과 같은 혁신을 통해 가격이 낮아지기 때문이죠. 기업 간 선의의 경쟁은, 경쟁을 해야 하는 기업에게는 무서운 말일지 모르지만, 이익을 누리게 되는 소비자들에게는 좋은 일입니다.

독점과 과점은 다수의 소비자에게 피해를 주고 소수의 기업의 이익에만 집중하기 때문에, 정부는 여러 제도를 통해 독점과 과점을 규제하고 있습니다. 대표적인 예로 공정거래법이나 독점금지법이 있지요. 또한, 공정거래위원회를 두고, 시장의 독과점을 방지하고, 만일 독과점이 일어났을 시 이를 시정할 수 있는 권한을 행사하도록 하고 있습니다.

석완이네 집 근처 공터에는 아침만 되면 쓰레기봉투들이 몇 개씩 뒹굴어 다닙니다. 밤사이 쓰레기봉투를 공터에 던져버리고 가는 사람들 때문이죠. 조금만 더 가면 쓰레기 분리수거장이 있는데도, '조금만' 더 가는 게 정말 귀찮은가 봅니다. 버린 쓰레기로 고생하는 사람들은 생각지 않고, 당장 자기만 편하면 된다고 생각하는 사람들, 우리는 어떻게 이기적인 사람들의 마음을 돌려세울 수 있을까요?

7

신용이
만들어
가는 세상

신용카드의 숨겨진 비밀 _____

신용도 측정할 수 있나요? _____

"석완이, 너 정말 아빠랑 한 약속 안 지킬래? 계속 그러면 아빠 화낸다!"

평온한 일요일 오후. 느닷없이 높아진 아빠의 목소리에 코까지 골아가며 낮잠을 자던 엄마가 게슴츠레 눈을 뜹니다.

"아니, 무슨 일인데 아이한테 큰소리예요?"

"석완이 좀 보라고. 벌써 두 시간 넘게 핸드폰만 가지고 저러고 있어. 30분만 더 하겠다고 한 게 벌써 세 번째야. 그런데 아직도 끝낼 생각을 안 하니, 내가 화가 안 나겠어?"

엄마가 확인하러 석완이에게 물었습니다.

"석완아, 아빠가 하신 말씀이 맞니?"

석완이가 우물쭈물 대답합니다.

"아니, 이제 막 끝내려고 했어요. 갑자기 게임을 끝내면 안 돼서 그랬어요."

"그래. 그럼 빨리 끝내도록 해. 아빠 화 많이 나신 것 같다."

"네, 알겠어요. 죄송해요."

아빠의 쩌렁쩌렁한 목소리에 주눅이 들었는지, 석완이의 목소리가 모깃소리처럼 작아집니다. 아빠가 안경 너머로 석완이를 보고는 달래주려 하네요.

"석완아, 아빠가 화내서 미안해. 그런데 석완이가 이번 기회에 꼭 알아줬으면 하는 게 있단다."

"그게 뭔데요, 아빠?"

"바로 신용信用이란다. 다른 사람과 한 약속이 얼마나 중요한지, 또 신용이 세상을 살아가는 데 얼마나 중요한지 말이야. 신용은 평생 석완이 너의 뒤를 따라 다니는 그림자 같은 거야. 석완이 네 그림자가 사람들에게 무서운 악마처럼 보여서는 안 되겠지?"

양치기 소년의 비극

거짓말을 일삼던 양치기 소년 동화가 어떻게 끝났는지 다들 알고 있지요? 심심하다는 이유로 "늑대가 나타났다"는 거짓말을 해서 사람들을 놀렸던 양치기는, 결국 진짜 늑대가 나타났을 때 누구의 도움도 받지 못했습니다.

동화는 이렇게 끝났지만, 우리는 양치기 소년의 운명을 충분히 짐작할 수 있습니다. 양치기 소년이 이렇듯 비극을 맞은 건, 사람들의 신용을 잃었기 때문입니다. 양치기 소년의 거짓말에 여러 번 속은 사람들은 더 이상 소년의 말을 믿지 않았고, 신용을 잃은 소년은 정작 도움이 필요할 때 도움을 받을 수 없었습니다. 신용은 이렇듯 사람과의 사이에서 매우 중요합니다.

경제활동에서도 신용은 매우 중요합니다. 옛날에 상인들은 손님과의 약속, 즉 신용을 지키기 위해 목숨을 내놓기도 했지요.

1597년, 네덜란드 상단이 아시아로 가는 새로운 항로를 찾기 위해 북극해 종단에 나섭니다. 하지만 일주일도 안 돼 배가 표류하기 시작했고, 50여 일이 지나서야 러시아 배에 발견돼 가까스로 구조됐습니다. 구조되기 전까지 네덜란드 배 선원들은 굶주림과 추위에 떨어야 했습니다. 놀라운 사실은 그 배에 손님들이 맡겨 놓은 옷이며 먹을거리가 그대로 남아있었다는 겁니다. 힘든 상황에서 물고기를 잡고 짐승을 사냥하며 연명해야 했지만, 네덜란드 상인들은 손님과의 약속을 이유로 그들의 물건에는 전혀 손도 안 댔던 것이죠.

이 사실이 유럽 전체에 퍼지면서 '네덜란드 상인들은 약속을 목숨과 바꿀 정도로 신용을 중요시한다'는 평판을 얻게 됐습니다. 이후 다른 나라 상인들은 '믿음직한' 네덜란드 상인들과 적극적으로 거래했고, 네덜란드는 세계 최대의 상단을 가진 나라가 될 수 있었죠. 양치기 소년과 네덜란드 상단의 이야기는 우리에게 세상을 살아가는 데 있어 신용이 얼마나 중요한지 알려주고 있습니다.

신용, 사회를 움직이는 약속

우리 사회는 약속을 바탕으로 움직입니다. 자동차는 차도로, 사람은 인도로 다니는 것은 사회적으로 약속을 했기 때문이지요. 법도 일종의 약속입니다. 사회가 정상적으로 돌아가도록 '반드시' 지켜야 하는 약속을 문서로 만든 것이죠.

하지만 세상 모든 일을 법으로 정할 수는 없습니다. 이것이 바로 신용이 중요한 이유입니다. 법으로 정해져 있지 않더라도 사회적인 약속을 지키려는 개인의 노력이 사회를 지탱합니다. 때문에 현대 자본주의사회를 '신용사회'라고 부르기도 한답니다. 커다란 항공모함의 방향을 정하는 게 물속에 있어 보이지 않는 프로펠러와 방향타인 것처럼, 거대한 세상을 움직이는 것은 우리 눈에 보이지 않는 신용입니다. 사회의 신용이 무너지면 위기가 찾아오고, 그럴 때 신용을 다시 찾아야만 사회가 안정을 이룹니다.

예수, 석가모니, 모하메드와 함께 세계 4대 성인으로 꼽히는 공자는 "국가(사회)를 지탱하는 데 필요한 식량, 병사, 신의(신용) 가운데 어느 것이 가장 중요한가요?"라고 묻는 제자의 질문에 신의를 으뜸으로 꼽았습니다. 신의가 없으면 나라(사회)가 존재할 수 없다는 게 그 이유였죠. 이렇듯 일찍이 공자는 '신용이 없는 사람은 설 자리가 없다'고 말하며, 신용이 바탕이 되어야만 건강한 사회가 만들어진다고 강조했습니다.

신용은 거창한 것만 뜻하지 않습니다. 컴퓨터 게임은 주말에만 하겠다는 엄마와의 약속, 선생님이 내준 숙제를 끝마치겠다는 약속, 친구가 초대한 생일파티에 가겠다는 약속 등, 이런 작은 약속 하나하나가 신용을 이룹니다. 다른 사람 또는 사회와 한 약속을 지켜가는 과정에서 '믿을 만한 사람'이라는 신용을 얻게 되는 것이죠.

신용카드의 원리

경제활동에서 신용을 가장 가까이 접할 수 있는 것은 바로 신용카드입니다. 신용카드를 이용하면 자신의 신용으로 당장 돈을 내지 않고 '외상으로' 물건을 살 수 있는 것이죠. 아직 여러분은 어려서 충분한 신용을 쌓지 못했기 때문에, 신용카드를 사용할 수는 없습니다. 하지만 예금 통장에 들어있는 돈을 사용하는 직불카드나 체크카드로 용돈을 대신 받는 경우가 있지요. 그렇다면 신용카드와 체크카드에는 어떤 원리가 있는 걸까요?

신용카드는 말 그대로 '신용'을 바탕으로 거래하는 '카드'라는 뜻입니다. 현금은 부피도 크고, 많이 가지고 다니면 분실이나 도난의 위험이 있지요. 그렇다고 수표를 쓰자니 매번 은행을 찾아가야 하고, 사용할 때마다 일일이 이름과 연락처를 적어야 합니다. 하지만 신용카드는 플라스틱으로 된 카드 한 장에, 많게는 수천만 원까지 편하게 사용할 수 있습니다. 경우에 따라서는 비싼 물건도 한꺼번에 돈을 다 내지 않고, 일정 기간에 나눠 사는 '할부'도 가능합니다.

신용카드로 돈을 얼마나 쓸 수 있는지는 그 사람의 신용에 달려있습니다. 은행이나 카드사 같은 금융기관과 거래를 할 때 약속을 잘 지켰는지, 또 평소 수입이 얼마나 되는지를 바탕으로 사용 한도가 정해지는 것이죠.

이렇게 한도가 정해지면 카드사는 카드를 쓰는 사람을 대신해서 결제한 가게에 돈을 지불해 주고, 카드 사용자에게 정해진 날짜에 한 달간 사용한 금액만큼을 받아갑니다. 외상으로 물건을 팔고 싶지 않은 가게 주인은, 카드사(또는 은행)가 돈을 대신 주기 때문에 기꺼이 외상으로 물건을 판매하지요. 그렇다고 카드사가 공짜로 이런 서비스를 제공하는 건 아니에요. 연회비나 사용한 금액의 일정한 수수료를 받아서 회사를 운영하지요. 즉, 개인이 카드로 먼저 결제하고, 정해진 날짜에 실제 금액을 납부하면, 카드사가 결제한 돈을 가게에 지급하는 구조입니다.

신용카드를 이용할 때 주의해야 할 점은 '반드시' 자신이 사용한 금액을 카드사에 납부해야 한다는 것입니다. 만약 약속을 어기고 사용한 금액을 내지 않으면, 개인은 연체 금액에서 발생한 이자까지 납부해야 하고, 카드사는 모든 손실을 떠안게 됩니다. '연체'가 늘어나면 해당 회사는 경영이 어려워지는 것이죠.

실제로 지난 2003년, 우리나라에 '카드대란'이 발생해 한바탕 난리가 난 적이 있었습니다. 카드대란은 당시 일부 카드 사용자가 '현금서비스'라는 이름으로 카드사에서 돈을 빌린 후,

이를 제때 갚지 못하면서 일어났는데요. 카드대란이라는 말이 붙을 정도로 상황은 심각했습니다. 부도 위기에 몰린 카드사들은 정부가 많은 세금(공적자금)을 지원하여 위기에서 벗어났죠. 공적자금 투입이 없었다면 IMF 외환위기 못지않은 위기가 찾아왔을 겁니다.

직불카드와 체크카드는 이러한 신용카드의 단점을 보완해서 만든 카드입니다. 신용만 믿고 신용카드를 쓰다보면 자칫 과소비로 이어질 수 있고, 또 돈을 제때 내지 못하면 카드사의 경영이 힘들어질 수 있기 때문이지요. 때문에 은행 계좌에 있는 돈만큼만 쓰도록 만든 카드가 바로 직불카드입니다. 반면 체크카드는 은행 계좌의 돈을 기본으로 아주 적은 한도로 신용카드처럼 쓸 수 있게 만든 것입니다. 이렇듯 신용카드의 부작용을 제거했다는 점에서 직불카드와 체크카드는 카드사와 사용자 모두에게 인기를 끌고 있습니다.

신용도 측정이 되나요?

"저 친구는 정말 믿을 만한 사람이야!"

한 사람에 대한 평가는 어쩌면 신용과 관련되어 있을지 모릅니다. '믿을 만하다'는 것이 바로 신용인 셈이지요. 믿을 만하다는 평가를 받은 사람은 주위에서 어렵지 않게 돈을 빌릴 수 있을 겁니다. 돈을 빌려주는 사람이 '저 친구는 무슨 일이 있어도 빌려간 돈을 갚을 거야'라는 확신을 갖고 있기 때문이죠. 반대로 믿지 못할 사람이라면, 선뜻 돈을 빌려주기 힘들겠죠? 이렇듯 사람들에게 자신의 '신용'을 심어주는 일은 매우 중요합니다.

눈에 보이지 않는 신용을 자로 재듯 측정할 수 있다는 사실을 알고 있나요? 바로 한 사람의 신용을 계량화해서 숫자로 표현하는 것이죠. 금융기관은 개인의 신용도를 측정해서 신용등급을 매기고, 이 신용등급에 따라 돈을 빌려주는 조건을 다르게 적용합니다. 신용등급은 1등급에서 10등급까지 나눠져 있는데요, 숫자가 낮을수록 신용등급이 높다는 뜻입니다.

금융기관과 거래를 할 때 신용등급은 아주 중요한 역할을 합니다. 신용등급이 좋은 사람에게는 은행이 선뜻 많은 금액을 낮은 이자로 빌려주지만, 신용등급이 나쁜 사람은 소액이라도 잘 빌려주려 하지 않기 때문이지요. 또, 빌려준다고 해도 아주 적은 금액에 높은 이자를 붙여서 빌려줍니다.

예를 들어, 신용등급이 1등급인 사람은 은행에서 5000만 원을 빌리면서 연간 5%의 이자만 내면 되지요. 즉, 1년에 250만 원의 이자만 내면 5000만 원을 빌려 쓸 수 있습니다. 반대로 신용등급이 9등급인 사람은 채 100만 원도 빌리기 어려울 뿐 아니라, 이자도 20% 가까이 높게 내야 합니다. 20%의 금리로 5000만 원을 빌린다면, 연간 1000만 원의 이자를 지불해야 하는 것이죠. 이렇듯 신용등급에 따라 이자율에 차별을 두는 건, 은행이 돈을 빌린 사람이 그 돈을 제때 갚을지에 대해 판단하고, 신용도에 따라 각자 다른 이자를 붙여 위험 부담을 줄였기 때문입니다.

한편, 담보라는 것도 있는데요. 앞서 말했듯이 담보란 만일 은행이 개인에게 빌려준 돈을 돌려받지 못했을 때, 미리 맡아놓은 물건을 처분해서 돈을 얻는 구조이지요. 물론 돈을 다 갚으면 물건을 돌려받을 수 있습니다. 이러한 담보 또한 신용도에 따라 대출 한도가 정해지죠.

이렇듯 신용은 돈거래에 있어 매우 중요한 역할을 합니다. 신용의 중요성을 알았다면, 자신이 어렵게 쌓아온 신용등급이 떨어지지 않도록 노력해야겠지요?

국가에도 신용이 있다

1997년, 우리나라에 큰 시련이 닥쳤습니다. 바로 IMF 외환위기입니다. 외국에서 빌려온 돈(외환)을 갚아야 하는데, 당시 갚을 돈이 없어서 위기를 맞았죠. 왜 이러한 일이 일어난 걸까요? 당시 우리나라 대기업들은 은행에서 많은 돈을 빌려 막대한 투자에 집중하였습니다. 은행은 기업에 돈을 빌려주기 위해, 은행의 신용으로 외국 투자자들로부터 달러화를 빌려왔는데요. 투자자들이 빌려간 돈을 갚으라고 요구하자, 은행은 자신이 돈을 빌려준 대기업들에게 돈을 갚으라고 하였습니다. 하지만 불투명한 경영과 무리한 투자로 어려움을 겪던 대기업은 빌려간 돈을 갚을 수 없었죠.

외환위기가 닥치자, 많은 대기업들이 문을 닫았습니다. 대기업과 일을 하던 중소기업들도 설 자리를 잃었죠. 기업이 문을 닫으면서 많은 사람들이 회사를 떠나야 했습니다. 한국은 졸지에 빌린 돈을 떼먹는 불량 국가라는 오명을 얻을 위험에 처했습니다. 이후, 국제통화기금IMF로부터 돈을 빌려 국가 부도 위기에서 벗어날 수 있었습니다. IMF에서 빌린 돈을 갚는 데에는 금모으기 운동 등 국민들의 수많은 노력이 들어갔습니다.

개인, 가정, 기업과 마찬가지로 국가도 망할 수 있습니다. 해외에서 빌려온 돈을 제때 갚지 못해 국가 부도 사태가 발생했던 IMF 외환위기 때처럼 말이죠. 국가가 부도나면 국제사회에서 믿지 못할 나라가 되어 돈을 빌리기도 물건을 내다 팔기도 어려워집니다.

이렇듯 국가도 부도가 날 수 있기 때문에, 개인에게 신용등급을 매기는 것처럼 국가도 신용 평가를 받습니다. 바로 '국가신용등급'이죠. 개인의 신용등급은 은행 같은 금융기관에서 매기지만, 나라의 신용등급인 국가신용등급은 국가나 기업의 신용도를 전문적으로 평가하는 기관인 국제신용평가기관이 담당합니다. 무디스, S&P, 피치 등이 대표적인 신용평가기관인데, 이들은 국가의 해외 채무 금액, 경제 상황, 빌린 돈을 갚을 능력을 평가해 국가신용등급을 결정합니다.

현재 국가신용등급이 가장 높은 국가는 세계 최고 강대국이라고 할 수 있는 미국입니다. 경제대국 일본과 독일도 높은 신용등급을 받고 있고, 최근 경제가 급성장하고 있는 중국도 좋은 평가를 받았습니다. 우리나라 역시 높은 수준의 국가신용등급을 받고 있는데, 갈수록 신용도가 좋아지는 추세입니다. 경제 구조, 성장률, 부채 등을 종합적으로 평가했을 때, 다른 주요 선진국과 비교해도 손색없을 정도의 좋은 평가를 받고 있는 것이죠.

국가신용등급은 어느 국가가 해외에서 돈을 빌리려 할 때 중요한 역할을 합니다. 개인과 마찬가지로 얼마나 낮을 금리로 돈을 빌릴 수 있는지 결정하는 요소인 것이죠. 국가는 해외에서 돈을 빌릴 때, '국채'를 발행하는데, 이때 국가신용등급이 높은 국가는 낮은 금리에 '국채 발행', 즉 돈을 빌릴 수 있습니다. 반대로 국가신용등급이 낮으면 이자를 높게 줘야 해서 , 그만큼 돈을 빌릴 때 손해를 보게 되지요.

돈의 흐름을 좌우하는 금리

돈은 한곳에 머물지 않고, 움직이는 성질이 있지요. 그래서 돈에도 흐름이 있습니다. 따라서 돈의 흐름을 잘 파악한다면 손쉽게 부자가 될 수도 있습니다. 반대로 돈의 흐름에 역행한다면, 돈을 잃을 수도 있지요.

그렇다면 돈의 흐름을 어떻게 예측할 수 있을까요? 결론부터 말하자면, 돈은 빌렸을 때 얻을 수 있는 금리(이자율)의 정도에 따라 움직입니다. 금리는 한마디로 돈을 쓸 때 필요한 비용이라고 말할 수 있습니다. 실생활에서는 금리보다는 '이자'라는 말을 많이 쓰는데요, 돈을 빌릴 때 빌려주는 사람은 그 대가로 이자를 받습니다. 이때 어느 정도의 이자를 받을지 결정하는 게 이자율, 바로 금리이지요.

예를 들어, 1000만 원을 빌리고 1년에 100만 원의 이자를 주기로 했다면, 이때 금리는 10%입니다. 돈을 빌리려는 사람들은 조금이라도 낮은 금리에 돈을 빌리려 하고, 돈을 빌려주려는 사람들은 조금이라도 높은 금리로 돈을 빌려주고 싶어 하지요. 이 과정에서 돈이 이동하게 되는데, 이것이 바로 돈의 흐름이라고 할 수 있습니다.

금리는 개인과 은행의 관계에서도 돈의 흐름을 결정합니다. 은행에 돈을 맡기는 사람이라면 정해진 기일에 돈을 돌려받을 수 있을 때, 1%라도 높은 금리를 주는 상품에 가입하려 할 겁니다. 이익을 얻으려는 욕구가 거대한 돈의 흐름을 만들어내는 것이죠.

돈의 흐름을 좌우하는 금리는 화폐를 찍어내는 중앙은행의 기준금리에 의해 정해집니다. 우리나라의 경우 한국은행이 유일한 중앙은행입니다. 기준금리는 말 그대로 금리의 기준이라는 뜻입니다. 한국은행은 매월 그때그때 경제 상황에 맞춰 기준금리를 정합니다. 금리가 지나치게 낮아지면 돈을 빌리려는 사람들이 많아져서 시중에 돈이 많아지고, 때문에 물건 값이 크게 오릅니다. 물건 값이 크게 오르면 경제에 엄청난 악영향을 끼치기 때문에, 한국은행은 금리를 과도하게 내리려 하지 않습니다. 이와 반대로 금리가 지나치게 오르면, 돈이 필요해도 빌리지 못해 경제가 위축됩니다. 경제활동이 위축되면 경제성장이 더뎌지지요. 따라서 기준금리를 결정하는 한국은행은 돈의 흐름, 즉 경제 흐름의 균형을 맞추기 위해 오늘도 노력하고 있답니다.

며칠 전, 다른 반 친구 재민이가 석완이에게 5000원을 빌려갔습니다. 매점에서 만났는데, 깜빡 잊고 돈을 안 가져왔다나요. 석완이는 선뜻 돈을 빌려줬지만, 재민이는 도통 갚을 생각을 하지 않네요. 처음에는 화요일에 준다더니, 다시 목요일로 바꾸고는, 토요일인 오늘까지 감감무소식입니다.

재민이는 친구 사이에 '약속'이 얼마나 중요한지 모르나 봐요. 약속을 밥 먹듯 어기는 재민이에게 신용의 중요성을 깨우쳐 줄 좋은 방법이 없을까요?

8

시간은
돈이다

시간의 경제 가치는 얼마일까? ——

시테크란 무엇일까? ——

어느덧 11월이 되었네요. 시간이 정말 빨리 지나갑니다. 새로운 담임선생님과 친구들을 만난 게 엊그제 같은데, 벌써 한 해가 다 가고 있네요. 어제 첫눈이 왔으니, 이제 곧 겨울이 성큼 다가오겠죠?

석완이네 가족은 이번 주말 시골 할머니 댁에 가기로 했어요. 온 가족이 모여 김장을 하기로 했거든요. 그런데 가는 길에 차가 막히자, 아빠의 심기가 불편해졌습니다.

"도대체 왜 이렇게 차가 막히는 거야? 이 교차로를 통과하는 데만 20분은 더 걸린 것 같네."

엄마가 아빠를 말려봅니다.

"당신, 왜 그렇게 짜증을 내요. 애들이 배우겠어요. 천천히 가면 어때요."

"이렇게 차에서 허비하는 시간이 아까워 그러지. 어휴, 그래도 어쩌겠어. 어차피 어쩔 수 없는 거 마음 편하게 먹고 가야지."

아빠가 마음을 다잡고는 싸늘하게 식은 분위기가 민망했던지 퀴즈 하나를 냈습니다.

"참, 서윤아. 아빠가 퀴즈를 하나 낼 테니까 맞춰보지 않을래. 당신도 같이 풀어봐. 맞추는 사람에게는 푸짐한 상품을 줄게."

푸짐한 상품이라는 말에 서윤이가 신이 났네요.

"뭔데요? 아빠?"

"이것은 세상 모든 사람들에게 똑같이 나눠져 있단다. 왕이든 거지든 이것만큼은 모두 똑같이 갖고 있지. 억만금을 주고도 사지 못하고, 다른 사람에게 빌리지도 못하고, 따로 보관할 수도 없지. 그런데 어떤 사람은 이렇게 소중한 걸 내키는 대로 다 써버린단다. 사람들은 이걸 가지고 있으면서도, 항상 없다며 야단이지. 이게 무엇일까?"

엄마와 서윤이가 문제를 어려워하네요.

"흠~ 뭘까?"

"아빠, 너무 어려워요."

퀴즈에 열중하는 모습을 본 아빠가 신나서 힌트를 하나 줍니다.

"힌트를 주지. 지금 이 시간에도 이건 계속 지나가고 있단다. 항상 쉬는 법이 없지."

서윤이가 정답을 떠올렸습니다.

"아! 알았다. 정답은 시간이에요. 누구나 똑같이 가지지만 따로 보관할 수 없고, 항상 사람들은 시간이 없다고 아우성이죠."

아빠가 흐뭇한 듯 미소를 짓습니다.

"야~ 서윤이가 엄마보다 나은걸? 딩, 동, 댕! 정답이야. 바로 정답은 시간이란다."

"와~ 아빠 내가 정답 맞췄으니 상품 꼭 줘야 돼요. 이번 기회에 휴대폰 바꿔주세요!"

정답을 맞힌 기쁨과 상품을 받을 수 있다는 생각에 서윤이의 콧노래가 이어집니다.

같은 도토리, 다른 가치

혹시 '조삼모사朝三暮四'라는 고사성어를 들어봤나요? 조삼모사란 글자로만 보면 아침에 3개, 저녁에는 4개라는 뜻인데요. 왜 이런 고사성어가 나왔을까요? 다음 이야기를 한번 읽어볼까요?

옛날 중국 송나라 때, 저공狙公이라는 사람이 원숭이를 많이 기르고 있었습니다. 그러던 어느 날, 원숭이 먹이가 부족해진 저공이 원숭이에게 이렇게 말했습니다.

"앞으로 너희에게 주는 도토리를 아침에 3개, 저녁에 4개로 줄여야 할 것 같구나. 너희가 조금만 이해해 주기 바란다."

그러자 원숭이들이 길길이 날뛰기 시작했습니다. 아침에 3개, 저녁에 4개로는 도저히 배를 채울 수 없다고 말이죠. 그러자 저공은 이렇게 말을 바꿨답니다.

"그럼 아침에 4개를 주고, 저녁에 3개를 주면 어떻겠니?"

원숭이들은 저공의 새 제안을 기쁘게 받아들였습니다. 아침에 3개, 저녁에 4개를 받든 아침에 4개, 저녁에 3개를 받든 결과적으로 원숭이는 하루에 7개의 도토리를 받게 되는데도 말이죠. 저공은 똑같은 도토리를 주고도 말을 살짝 바꿔 원숭이들을 달랠 수 있었습니다.

이 이야기는 원숭이를 통해 눈앞의 이익만 쫓는 어리석음을 말하고 있습니다. 이것이 바로 조삼모사의 숨은 뜻이죠. 한편, 조삼모사는 얕은꾀로 남을 속여 우롱한다는 뜻으로도 쓰입니다.

그렇다면 원숭이들은 정말 어리석었던 걸까요? 경제적인 면으로 보면, 원숭이들은 그리 잘못된 결정을 내린 것이 아닙니다. 오히려 시간의 가치, 즉 경제학에서 이야기하는 '현재 가치 Present Value'를 제대로 이해하고 현명하게 대처했다고 할 수 있습니다. 아침에 받는 도토리 4개의 가치와 저녁에 받는 4개의 가치는 같아 보이지만 분명 다릅니다. 그 이유를 살펴볼까요?

시간은 수요·공급의 원칙과 함께 재화(제품이나 서비스)의 가격에 영향을 미칩니다. 경제가 위기로 치닫지 않으면, 일반적으로 경제 규모는 커집니다. 경제 규모가 확대되면 보통 재화의 가격이 올라가는데, 이렇듯 시간이 지나면서 가격이 상승하는 현상을 '물가 상승'이라고 합니다. 뉴스에서 흔히 접하는 인플레이션inflation은 바로 물가 상승을 표현하는 영어 단어입니다.

30년 전 여러분의 아버지가 받았던 용돈 500원과 지금 여러분이 받는 용돈 500원의 가치는 과연 같을까요? 그렇지 않습니다. 30년 전에는 500원으로 짜장면 한 그릇을 사 먹을 수 있었지만, 지금은 500원으로는 생수 한 병 사기도 어렵습니다. 경제 규모가 커지면서 발생한 물가 상승, 즉 인플레이션 때문이죠. 30년이라는 시간이 워낙 기니 이러한 차이가 생겼다고 생각할 수도 있지만, 실제로 시간은 재화의 가격에 조금씩 영향을 주고 있습니다.

앞서 공부했으니, 은행에 돈을 맡기면 나중에 맡긴 돈과 함께 이자까지 받는다는 사실을 알고 있지요? 그런데 같은 돈을 맡겨도 맡긴 기간에 따라 받는 이자가 달라집니다.

1만 원을 1년 맡겼을 때와 2년 맡겼을 때를 생각해 볼까요? 이자율을 연 10%로 계산하면 1만 원은 1년 맡기면 1만 1000원, 2년 맡기면 1만 2100원의 가치를 갖게 됩니다. 이렇듯 시간은 이자라는 가치를 만들어 내죠. 즉, 시간에 따라 돈의 가치에 차이가 생깁니다. 오늘 받은 세뱃돈 10만 원을 통장에 넣어 놓으면, 내년에 받을 세뱃돈 10만 원보다는 분명 더 큰 가치를 갖겠죠?

원숭이가 아침에 받은 도토리와 저녁에 받은 도토리의 가치는 비슷해 보여도, 차이가 있었을 수도 있습니다. 만일 아침에 도토리 4개를 받은 원숭이가 아침에 2개만 먹고, 나머지 2개는 점심에 먹으려 아꼈다면 가치가 달라졌겠죠? 어쩌면 원숭이들은 어리석었던 게 아니라, 같은 7개의 도토리라도 아침에 4개를 받는 것을 더 좋게 보았을지 모릅니다. 물론, 원숭이들이 이런 차이를 고려했는지 확실하지는 않지만요.

시간은 돈이다!

기회비용을 통해서도 '시간은 돈'이라는 개념을 쉽게 이해할 수 있습니다. 시간은 절대로 공짜가 아닙니다. 허투루 보내는 시간에 다른 일을 하면, 시간은 그 일만큼의 가치를 갖게 되지요. 예를 들어, 변호사는 고객에게 법률 상담을 제공하면서 시간에 따라 상담료를 받습니다. 만일 변호사가 같은 시간에 상담이 아닌 다른 일을 한다면 상담료와 비슷한 금액을 받지 못할 겁니다.

시간의 가치는 사람마다 다릅니다. 아무런 경제활동을 하지 않는다면 1시간이 100원의 가치도 되지 않겠지만, 경제활동을 한다면 100원 이상의 가치가 되겠지요. 흔히 "시간은 금이다"라고 말하는 것은 실제로 시간이 그만한 경제적 가치를 갖기 때문입니다.

요즘 같이 지식을 중요시하는 사회에서 시간은 더 큰 가치를 가집니다. 주어진 시간을 어떻게 활용하느냐에 따라 지식의 차이가 생기는 것이죠. 따라서 시간을 허비하지 않고 효율적으로 쓰는 것이 무엇보다 중요합니다.

시테크, 시간을 관리하라!

혹시 '재테크'라는 말을 들어봤나요? 재물을 뜻하는 한자 '재財'와 기술을 뜻하는 영어 '테크Tech'가 합쳐진 말로서, 모아 놓은 돈으로 수익을 내는 기술을 뜻합니다. 그렇다면 시테크란 무엇일까요? '시테크'란 시간을 뜻하는 한자 '시時'와 '테크Tech'를 합쳐 만들어진 말입니다. 재테크가 돈을 관리하여 수익을 얻는 기술이라면, 시테크는 시간을 관리하여 수익을 얻는 기술인 셈이지요. 즉, 시테크란 시간을 잘 활용하여 효과적인 자기 계발을 하는 것을 말합니다.

돈 관리 못지않게 시간 관리도 무척 중요합니다. 똑같이 주어진 시간을 어떻게 쓰느냐에 따라 미래가 바뀌기 때문이죠. 역사 속 위인들은 대부분 시간 관리에 성공하여 후세에 이름을 날릴 수 있었습니다. 미국 헌법의 기초를 마련한 벤저민 프랭클린Benjamin Franklin은 "인생을 사랑한다면 시간을 낭비하지 말라"고 말했습니다. 천재 과학자 에디슨은 "변명 중에서 가장 어리석고 못난 변명은 '시간이 없어서'이다"라는 말을 남기기도 했죠.

그렇다면 어떻게 하면 시간을 잘 쓸 수 있을까요? 시간 관리에는 지름길은 없습니다. 시간을 잘 활용했던 사람들의 '비결'을 한번 들어볼까요?

① 할 일을 계획해 보세요!

어떤 일을 계획했는가, 계획하지 않았는가에 따라 결과는 크게 달라집니다. 아침에 일어났을 때나 밤에 잠들기 전에 오늘 할 일과 내일 할 일을 한번 정리해 보세요. 어떻게 하루를 보낼지 머릿속에서 그림 그리듯 그려보는 겁니다. 계획했던 일은 일사천리로 마칠 수 있지만, 그렇지 않은 일을 할 때는 우왕좌왕할 수밖에 없습니다. 즉, 어떤 일을 끝낼 때 걸리는 시간에 차이가 나는 것이죠. 또한, 무작정 일을 하게 되면 성과가 그리 좋을 수 없겠지요?

② 시간의 주인이 되어 보세요!

효과적인 시간 관리를 위한 기본은 남의 시간에 얽매이지 않는 겁니다. 다른 사람의 시간을 좇으며 살 것이 아니라, 자신만의 시간표를 만들 수 있어야 하지요. 예전에 어떤 방송에서 전국 최상의 성적을 기록한 학생들의 특징을 분석한 적이 있었습니다. 주요 공통점은 바로 '시간의 주인'이 되는 것이었는데요. 시간에 끌려다닐 것이 아니라, 주체적으로 시간을 조절할 때 학습 효율이 가장 높았다고 합니다. 자신의 시간을 스스로 계획한다면, 여러분의 24시간은 훨씬 더 긴 시간이 될 겁니다.

❸ 일의 우선순위를 정해 보세요!

할 일이 여러 가지라면 중요한 순서에 따라 우선순위를 정하는 것이 좋습니다. 중요하지 않은 것에 많은 시간을 쓰게 되면, 정작 중요한 것은 하지 못할 때가 많지요? 무엇이 중요하고 무엇이 덜 중요한지 우선순위를 정한 후, 그 우선순위에 맞게 시간을 나눠 보세요. 그러면 시간을 훨씬 더 효율적으로 사용할 수 있습니다. 이때, 마음속에 자신만의 '마감'을 정해 놓고, 이 마감을 지키려고 노력하면 더 좋은 성과가 나옵니다.

❹ 어떤 일이든 과감히 결정을 내려 보세요!

모든 일에 결정을 잘 내리지 못하고 우물쭈물하는 사람들이 있지요? 이런 사람들은 대부분 '시간이 없다'는 푸념을 입에 달고 삽니다. 결정을 내리기까지 너무 오랜 시간이 걸리기 때문이지요. 결정에 관한 가장 나쁜 일은, 틀린 결정을 내리는 것이 아니라 결정을 내리지 않고 미루는 것입니다. 만일 틀린 결정을 내렸다면 그것을 고칠 시간이라도 있지만, 결정을 무조건 미룬다면 아무것도 실행에 옮길 수 없습니다. 설령 잘못된 선택이라 하더라도 고칠 시간이 없지요.

❺ 자투리 시간을 활용해 보세요!

하루 24시간 중에 자신도 모르게 허비하는 시간이 얼마나 많은지 생각해 본 적 있나요? 하루 30분의 자투리 시간만 잘 활용해도 하루가 훨씬 길어집니다. 하루 30분은 한 달이면 900분, 1년이면 10800분이나 됩니다. 즉, 자투리 시간 30분을 잘만 활용하면, 다른 사람들보다 1년이면 1주일 넘는 시간을 더 활용하게 되는 셈이죠. 부지런한 친구들은 대부분 이러한 자투리 시간을 잘 사용하고 있습니다.

❻ 집중하는 습관을 들여 보세요!

공부를 잘하는 친구들의 비밀은 뭘까요? 바로 '집중'입니다. 얼마나 오래 공부했는지가 아니라, 얼마나 집중해서 공부했는지가 중요합니다. 오랫동안 책상에 앉아 있었다고 해도 잡생각만 떠올랐다면, 실제 공부 효과는 거의 없겠죠? 반대로 10분이라도 충분히 집중했다면 공부 효과가 있을 겁니다. 어떤 일을 하는데 다른 일을 생각하다 보면 걱정만 커지게 마련입니다. 눈앞의 문제에만 집중해 보세요. 그럼 그 속에서 길을 찾을 수 있을 것입니다.

후회하지 않으려면 시간을 허비하지 말라!

사람은 한번 태어나면 누구든 죽음을 피할 수 없습니다. 생로병사生老病死의 필연적 과정을 거치며, 죽음을 앞두고 자신의 인생을 되돌아보는 시간을 갖게 됩니다. 우주에서는 무한한 시간도 한 사람 한 사람에게는 지극히 유한할 수밖에 없습니다.

죽음에 가까이 간 사람들의 얘기를 종합해 보면, 후회하는 일이 참 많습니다. 천여 명이 넘는 사람들의 임종을 지켰다는 일본의 호스피스 전문의 오츠 슈이치는 '죽을 때 후회하는 스물다섯 가지'라는 제목의 베스트셀러를 썼습니다. 인생을 마무리하는 시점이 되면 후회되는 일이 그만큼 많은가 봅니다.

죽음을 앞둔 사람들의 공통적인 후회는 '시간을 허비했다'는 것입니다. 한 사람이 아주 오래 살아서 100세까지 산다고 했을 때, 우리는 모두 87만 6천 시간을 살게 됩니다. 이 가운데 3분의 1에 해당하는 29만 시간 정도는 잠을 자는 데 사용하고, 깨어 있는 시간은 58만 6천 시간입니다. 하루 두 시간 밥을 먹는 데 사용한다고 하면 7만 3천 시간이니, 잠자는 시간과 밥 먹는 시간을 제외하면 대략 50만 시간이 깨어 있는 시간입니다. 이 가운데 유아기와 노년기 15년에 해당하는 13만 1400시간을 제하면 우리에게 남는 시간은 37만 시간이 됩니다. 여러분에게는 긴 시간인가요? 짧은 시간인가요?

시간을 허비하지 않는다면 여러분은 진짜 인생의 주인이 될 수 있습니다. 시간이 없다고만 할 게 아니라, 주어진 시간을 얼마나 알차고 유익하게 활용하느냐에 따라 여러분은 시간의 주인이 될 수도, 시간의 노예가 될 수도 있습니다. 기왕이면 주인이 돼야겠죠.

그런 면에서 비록 오래 살지는 못했지만, 애플을 창업했고 아이폰을 통해 혁신의 대명사가 된 스티브 잡스가 남긴 말은 우리에게 의미하는 바가 큽니다. 1955년 미국의 캘리포니아에서 태어난 잡스는 2011년 죽음을 맞아 불과 56세의 나이에 불꽃같은 인생을 마감했습니다. 잡스는 아래와 같은 말을 남겼습니다.

"인생의 중요한 순간마다 곧 죽을지도 모른다는 사실을 명심하는 것이 내게는 중요했습니다. 죽음을 생각하면 무언가 잃을지 모른다는 두려움에서 벗어날 수 있습니다. 17살 때, '하루하루가 인생의 마지막 날인 것처럼 산다면 언젠가는 바른길에 서 있게 될 것'이라는 글을 읽었습니다. 죽음은 삶이 만든 최고의 발명품이죠. 죽음은 삶을 변화시킵니다. 여러분의 삶에도 죽음이 찾아옵니다. 인생을 낭비하지 말기 바랍니다."

94세까지 장수하면서 수많은 작품과 명언을 만들어내며 노벨 문학상까지 수상했던 작가 조지 버나드 쇼가 자신의 묘비에 적어둔 글도 인상적입니다.

"우물쭈물 하다 내 이럴 줄 알았다I knew if I stayed around long

묘비에 새긴 글은 자신이 죽어도 살아있는 사람들에게 전하기 위해 남긴 말이라고 하는데요. 위대한 극작가 역시 시간을 더 잘 사용하지 못한 것에 대한 후회가 남았던 모양입니다.

전문가를 만드는 '1만 시간의 법칙'

시간은 축적을 통해 결과를 만들어 냅니다. 혹시 '1만 시간의 법칙'에 대해 들어본 적 있나요? 어떤 분야의 전문가가 되기 위해서는 적어도 1만 시간 정도는 훈련이 필요하다는 게 '1만 시간의 법칙'입니다. 매일 3시간씩, 적어도 10년 동안 노력을 기울이면 한 분야에 통달해서 다른 사람들로부터 '전문가'라는 평가를 받을 수 있을 정도의 실력을 갖추게 된다는 겁니다. 만약 하루에 6시간씩 투자한다면, 5년이 걸리겠죠.

미국의 심리학자 앤더스 에릭슨은 우수한 바이올린 연주자와 평범한 연주자의 실력 차이가 어디에서 발생하는지 알아보기 위해 다양한 조사를 진행했습니다. 결론은 아주 간단했죠. 바로 연습시간의 차이였습니다. 우수한 연주자들은 최소 연습시간이 1만 시간을 넘겼지만, 평범한 아마추어 연주자들의 연습시간은 이에 훨씬 미치지 못했습니다. 한 분야에 그만큼 많은 시간을 투자하고, 시간이 축적되다보면 자신도 모르게 실력이 늘어 전문가의 반열에 오를 수 있습니다.

여러분이 알 만한 사람의 예시로 1만 시간의 법칙에 대한 얘기를 마무리해 볼까요? 아이돌 그룹 엑소의 카이는 한 방송과의 인터뷰에서 자신의 연습생 시절 얘기를 한 적이 있습니다. 연습생 시절, 카이는 연습 벌레였다는군요. 다른 동료들이 휴식을 취하던 추석 연휴 3일 내내 연습만 하고, 밥 먹는 시간을 제외하고는 연습만 했다고 해요. 그러면서 카이는 "1만 시간이 아니라 2만 시간은 채운 것 같다"며 "그 분야에서 1만 시간을 노력하면 자기가 하고자 하는 분야의 목표치는 채울 수 있다"고 말했습니다.

여러분은 어떤가요? 자신이 진짜 하고 싶은 일 또는 전문가가 되고 싶은 분야의 일에 대해 1만 시간을 투자할 준비가 돼 있나요? 천리 길도 한 걸음부터, 오늘부터라도 시작해 볼까요?

황금, 소금보다 중요한 것은?

우리의 시간은 크게 과거, 현재, 미래로 나뉩니다. 셋 중에 가장 중요한 것은 무엇일까요? 혹시 앞으로 만들어 갈 미래라고 생각하나요? 아닙니다. 가장 중요한 것은 바로 '지금', 현재입니다.

현재는 과거를 완성하고, 동시에 미래를 결정짓습니다. 즉, 과거에 했던 것을 끝내도록 하고, 미래에 새로 해야 할 것을 정하는 것이 바로 현재라고 할 수 있습니다. 때문에 '현재는 과거의 결과이지만, 동시에 미래의 씨앗이다'라는 말도 있지요. 사람들은 매순간 찾아오는 지금, 현재의 소중함을 쉽게 잊곤 합니다. 그러나 현재를 관리하지 못하면, 후회 없는 과거도 자신이 꿈꾸는 미래도 만들 수 없습니다.

옛날에 어느 시계공이 세상을 떠나기 전 세상에 둘도 없는 완벽한 시계를 만들어 아들에게 선물했습니다. 그 시계의 시침은 동으로, 분침은 은으로, 초침은 금으로 되어 있었는데요. 시계공은 시계를 주며 아들에게 이런 가르침을 남겼습니다.

"내가 초침을 황금으로 만든 데에는 이유가 있단다. 초침이 바로 너의 성공과 실패, 행복과 불행을 가를 것이기 때문이란다. 1초를 아끼며 살아야 한단다. 1초가 60번 모이면 1분이 되고, 그 1분이 60번 모이면 1시간이 되니까 말이야."

　세상에는 중요한 세 가지 '금'이 있다고 합니다. 첫째로 '황금', 둘째로 '소금', 그리고 마지막으로 '지금'입니다. 황금과 소금은 언제든 가질 기회가 주어지지만, 지금은 그렇지 않지요. 한번 지나간 시간은 다시 돌아오지 않습니다. 따라서 세 가지 금 중에 가장 중요한 것은 바로 '지금'이 아닐까요? 이 책을 읽는 지금 이 시간이 여러분들에게는 가장 중요한 시간입니다. 시계공이 아들에게 남긴 1초의 교훈처럼 말이죠.

인플레이션과 경제 성장

경제는 성장할 수도, 거꾸로 불황에 빠질 수도 있습니다. 경제 성장이란 생산자가 생산하는 재화와 서비스의 가치가 지속적으로 증가하는 것을 말합니다. 반대로 경제가 성장하지 못하는 것은 재화와 서비스의 가치가 줄어들기 때문이지요.

경제 성장 요인은 다양합니다. 가장 먼저 인구 증가가 있습니다. 인구가 늘어나면 노동력은 물론 소비가 증가하여, 이에 필요한 재화와 서비스도 많이 생산됩니다. 다음으로 기술 혁신이 있는데요, 기술 혁신은 과거와 똑같은 자원을 투입하고도 더 많은 생산을 가능하게 하여 경제 성장을 촉진합니다. 세 번째 성장 요인은 자본 축적입니다. 자본이 모이면 고용이 확대되고 산업구조도 점차 높은 부가가치를 만들어 내는 쪽으로 바뀌게 되지요.

경제 성장은 일반적으로 국가 단위로 측정하는데, 국내총생산 GDP: Gross Domestic Product이 대표적인 경제 성장 지표입니다. GDP는 한 국가의 영토 내에서 이뤄진 산출량, 즉 생산한 양의 총합을 나타냅니다. GDP를 통해 각 나라의 경제가 성장했는지, 아니면 정체되었는지를 알 수 있습니다. 각 나라의 GDP를 인구수로 나누면 1인당 GDP가 나옵니다. 1인당 GDP는 국민의 소득 수준을 보여주는 지표로, 가장 보편적인 국민 소득 지표로 활용되고 있습니다. 경제가 성장해 GDP 또한 증가할 경우, 인구수에 급격한 변화가 없다면 1인당 GDP 역시 증가합니다.

한편, 경제 성장은 대부분 물가 상승을 동반합니다. 경제가 성장하려면 이를 뒷받침할 시중의 돈, 즉 통화량의 증가가 불가피한 것이죠. 통화량이 증가하면 화폐 가치는 줄고 재화나 서비스의 가격은 자연스레 올라갑니다. 또, 경기가 활성화되어 수요가 증가하는데 공급이 이를 제대로 따라가지 못할 때에도 재화나 서비스의 가격이 오릅니다. 때문에 경제가 성장하는 과정에서 어느 정도의 물가 상승은 불가피한 것으로 받아들여지고 있습니다.

하지만 경제가 성장하는 속도보다 물가가 훨씬 빠르게 상승한다면, 경제에 심각한 부작용이 일어납니다. 물건 가격이 너무 비싸 소비자가 쉽게 살 수 없기 때문이지요. 이런 현상을 경제학에서는 화폐 가치가 하락하고 물가 수준이 상승한다고 표현하는데요. 이것을 한마디로 '인플레이션inflation'이라 부릅니다. 인플레이션이 발생하면 소비가 줄어드는데, 소비 감소는 민간 투자의 감소로 이어집니다. 자연히 경제는 성장할 동력을 잃게 되는 셈이죠. 또한, 인플레이션은 점점 더 커지기도 합니다. 계속 물가가 오를 것으로 예상되면, 사람들이 앞다퉈 사재기를 하겠죠? 그러면 소비가 일시적으로 늘어 물가가 오르게 됩니다.

경제는 인플레이션이 일어나지 않는 범위 내에서 성장할 때 최고의 호황을 누립니다. 이때의 성장률을 '잠재 성장률'이라고 하는데, 우리나라의 잠재 성장률은 연 2% 수준으로 평가되고 있습니다. 지속적인 경제 성장을 위해서는 잠재 성장률을 높이는 게 중요한데요. 잠재 성장률을 높이기 위해서는 생산 인구 증가, 기술 혁신, 자본 축적 등이 필요합니다.

일요일 아침 늦게까지 침대에 뒹굴던 서윤이. 아침을 먹는 둥 마는 둥 하더니 밥을 다 먹기 무섭게 다시 침대 위로 올라갑니다.

며칠 뒤에 기말고사가 있는데도, 황금 같은 일요일 아침을 잠자는 데에 낭비하고 있네요. 보다 못한 아빠가 서윤이를 거실로 불러냅니다.

"서윤아, 시간은 금이라고 하잖니. 이렇게 잠 잘 시간에 의미 있는 일을 해야 하지 않을까?"

서윤이는 언제쯤 시간의 소중함을 깨닫게 될까요?

9

내 인생은
나의 것!

링컨을 대통령으로 만든 '긍정의 힘' ____

칭찬은 모두를 춤추게 한다 ____

　학교에서 돌아온 석완이의 얼굴에 수심이 가득합니다. 평소 같았으면 학교에서 있었던 일들을 곧잘 재잘댔을 텐데, 오늘은 완전히 풀이 죽어 있네요. 아빠가 걱정되어 석완이에게 묻습니다.

　"석완아, 학교에서 무슨 일이 있었니?"

　석완이가 풀이 죽어 대답합니다.

　"기말고사 성적이 나왔는데, 점수가 많이 안 올랐어요. 열심히 한다고 했는데….”

　"그래? 이번에 제법 공부를 열심히 한 것 같던데.”

　"맞아요. 정말 열심히 했는데….”

　석완이의 시무룩한 얼굴을 보니 아빠의 마음이 안 좋아지네요. 아빠가 석완이를 달래려 애씁니다.

　"석완아, 그래도 중간고사 때보다 성적이 오르지 않았니?”

"평균 5점 정도 올랐어요."

"잘했네. 중간고사보다 잘 봤고, 또 앞으로 더 잘하면 되는데, 왜 그렇게 시무룩하니?"

"그래도 더 잘 볼 수 있었는데…."

석완이의 기분이 풀어질 기미가 보이지 않자, 아빠가 재미난 이야기 하나를 꺼냅니다.

"석완아, 아빠 이야기를 한번 들어볼래? 사막을 지나던 두 사람이 우연히 물이 반 정도 든 물병을 발견했단다. 한 사람은 물이 '반밖에' 남지 않았다고 불평했고, 다른 한 사람은 물이 '반이나' 남았다며 환호했지. 석완이는 두 사람 가운데 누가 더 행복했을 거 같아?"

"그야 물론 반이나 남았다고 한 사람이겠죠."

"당연하지. 너는 '5점밖에' 오르지 않았다고 생각하겠지만, 시험을 못 본 친구들은 석완이가 '5점이나' 올랐다고 생각하지 않을까? 열심히 공부했는데도 5점밖에 오르지 않았다고 실망할 게 아니라, 열심히 공부했으니까 5점이나 올랐다고 생각해 보는 건 어때?"

아빠의 말씀을 들은 석완이가 무언가를 깨달은 듯 기분이 좋아졌습니다.

"아빠 말씀을 들으니 마음이 달라졌어요. 아빠 말이 맞아요. 이번 시험은 저번 중간고사보다 어려웠거든요. 그럼 제가 잘

본 셈이 되겠네요."

"그래. 이렇게 긍정적으로 생각하면 세상이 한결 밝아질 거야. 말이 나온 김에 링컨 대통령 이야기를 한번 들려줄까?"

링컨을 대통령으로 만든 '긍정의 힘'

미국의 제 16대 대통령 에이브러햄 링컨Abraham Lincoln은 1809년 미국 켄터키 주 호젠빌에서 아주 가난한 구두 수선공의 아들로 태어났습니다. 어려서부터 집안일을 도와야 했기 때문에 링컨은 학교에 제대로 다닐 수 없었습니다. 때문에 독학을 할 수밖에 없었죠.

링컨은 변호사가 되기 전까지 잡화점 점원, 측량기사, 우체국장 등 여러 직업을 전전했습니다. 어렵사리 변호사 시험을 통과한 후에도 그의 인생은 쉽게 풀리지 않았는데, 성공보다는 실패가 많았고 환희보다는 좌절을 더 많이 경험해야 했지요. 스물셋에 처음 사업에 실패한 것을 비롯하여 여러 선거에서 낙선을 거듭했습니다.

그래도 링컨은 자신의 처지나 실패를 탓하지 않았습니다. 오히려 끊임없는 자기계발과 긍정적인 사고로 미국의 대통령 자리에까지 오를 수 있었죠. 그는 가난했던 어린 시절을 결코

잊지 않고, 국민을 더욱 생각하였습니다. 1863년 11월 게티즈버그국립묘지 설립 기념식에서 "국민에 의한, 국민을 위한, 국민의 정부는 지상에서 영원히 사라지지 않을 것이다"라고 연설하기도 했지요. 또, 미국 노예제도를 폐지하는 등, 모든 사람이 민주주의 안에서 평등하다는 신념을 실천에 옮겼습니다.

링컨 대통령이 실패와 좌절에서 벗어나 자신의 '꿈'을 향해 뛸 수 있게 한 원동력은 바로 '긍정'입니다. 긍정적으로 생각하는 사람은 아무리 어려운 일을 겪어도 그 속에서 희망을 찾으려 합니다. 반대로 부정적으로 생각하는 사람은 아무리 좋은 환경 속에서도 불만스러운 몇 가지를 찾아내 이를 탓합니다.

링컨 대통령은 실제로 낙천적인 성격과 함께 특유의 유머 감각을 가졌다고 하는군요. 깊이 팬 눈, 매부리코, 덥수룩한 수염 때문에 첫인상은 무척 차가웠지만, 사실은 미국 역대 대통령 가운데 유머 감각이 뛰어난 편이었다고 하네요. 한번은 한 정치인이 링컨 대통령의 정책을 두고 '두 얼굴의 정치인'이라며 비난했는데, 링컨은 비난에 불쾌해하지 않고 이렇게 대답했다는군요.

"제가 두 개의 얼굴을 가졌다면, 지금 이 못난 얼굴로 살고 있겠습니까?"

비난을 쏟아낸 정치인은 말문이 막혔다고 해요. 사람들은 당연히 멋진 유머 감각을 지닌 링컨 대통령을 지지했겠죠?

링컨은 "행복은 마음먹기에 달려 있다"고 말했습니다. 또,

"인간은 자기가 마음먹은 만큼만 행복해질 수 있다"고 이야기하기도 했죠. 행복은 자신을 받아들일 자세가 되어 있는 사람에게만 찾아옵니다. 부정적인 생각에 휩싸여 있으면 언제 행복이 달아날지 몰라 안절부절못하겠지요? 링컨이 불행의 순간에서도 다시 일어설 수 있었던 힘은 바로 세상을 바라보는 따뜻한 긍정에 있었습니다.

피그말리온 효과

피그말리온 효과라고 들어봤나요? 우리말로는 '자기 충족적 예언'이라고 하는 피그말리온 효과는 쉽게 말하자면 '모든 것은 생각한 대로 된다'는 것을 말합니다. 피그말리온 효과는 그리스 신화에 등장하는 조각가 피그말리온의 이야기에서 유래 됐습니다.

피그말리온은 온 정성을 기울여 아름다운 여인상 하나를 조 각했습니다. 워낙 완벽한 미인을 조각한 데다 온갖 정성을 들 였던 터라 피그말리온은 그만 그 조각상을 사랑하고 맙니다. 이런 피그말리온의 이야기를 들은 미의 여신 아프로디테는 사 랑에 빠진 조각상에 생명의 숨결을 불어넣어 주었습니다. 피그 말리온은 생명을 얻은 조각상에 '갈라테이아'라는 이름을 붙이 고, 결혼하여 행복하게 살았습니다.

피그말리온 효과는 이 이야기를 바탕으로 다른 사람의 관 심, 기대, 애정 등으로 성과가 바뀌는 현상을 의미합니다. 다 른 사람이 나에게 기대하는 것이 있을 때, 기대에 부응하려고 노력하게 된다는 뜻이죠.

여러분의 부모님은 여러분이 어떤 일을 하든 칭찬을 많이 해 줄 겁니다. 처음 그림을 그리면서 엄마를 못생기게 그려 놓아 도 엄마는 "정말 엄마랑 똑같이 그렸네. 어떻게 이렇게 그림을 잘 그리니!"라고 칭찬해 주었을 것이고, 아빠는 여러분이 처음 구구단을 다 외웠을 때 "정말 천재구나. 이렇게 머리가 좋은 걸 보니 공부를 정말 잘할 거야"라고 격려해 줬을 겁니다. 할아버 지, 할머니는 여러분이 어떤 동요를 부르든 "우리 손주가 아주 가수구나, 가수야. 나중에 TV에 나가도 되겠다"며 칭찬해 주시지요. 이러한 격려 또한 피그말리온 효과를 위한 것이겠지요? 칭찬에 힘입어 노력하는 여러분이야말로 진정한 피그말리온 효과라고 할 수 있습니다.

내가 뛰어넘은 것은 정신력의 한계

혹시 여러분은 육상 1500m 세계 신기록이 얼마인지 알고 있나요? 당연히 기록을 외우고 있는 사람은 없겠죠. 그럼 이렇게 생각해 보죠. 100m를 20초에 뛰고, 이 페이스로 15번을 뛴다면? 계산해 보면 5분이 나옵니다.

세계 신기록은 얼마일까요? 1500m 달리기 세계 신기록은 1998년, 모로코 중장거리 선수인 히참 엘 구에로 선수가 기록했던 3분 26초가 20년 넘게 깨지지 않고 있습니다. 1500m를 3분 26초에 뛰기 위해선, 100m를 15.06(평균적인 중학생이 100m를 전력 질주할 때의 속도)의 속도로 15번을 뛰어야만 합니다. 생각한 해도 숨이 차오지 않나요?

1500m 육상 세계 신기록을 장황하게 설명한 건 긍정의 힘을 믿고, 불가능이라고 여겨졌던 장벽을 넘어선 '로저 베니스터'라는 불멸의 육상선수를 얘기하기 위해서입니다.

1900년대 중반까지 비약적인 스포츠 기록의 경신이 이어졌지만 깨지지 않고 있던 기록이 몇 개 있습니다. 대표적인 종목이 육상 1마일(1609m) 기록입니다. 당시만 하더라도 1마일을 4분 안에 뛰는 것은 인간의 힘으로는 불가능한 영역으로 꼽혔습니다. 당시 체육계에서는 "인간은 에베레스트산과 북극, 남극을 정복하는 데는 성공했지만 1마일을 4분 안에 뛰지는 못한다. 만약 4분 안에 들어온다면 인간의 심폐 기능에 치명적 문제가 발생하게 될 것"이라는 말까지 있었다고 합니다. 마치지금 42.195km를 2시간 안에 뛰는 것만큼이나 어려운 과제로여겨졌던 거죠.

이렇게 모두가 불가능하다고 여겼던 기록을 깬 인물이 영국 옥스퍼드 의대생이자 육상선수였던 로저 베니스터입니다.

로저 베니스터는 매일 심장이 터질 것 같은 훈련 속에서도 3분 59초 대에 1마일 결승 테이프를 끊고 들어오는 모습을 상상했습니다. 훈련을 마치고 매일 잠자리에 들기 전에도 4분 안에 1마일 트랙을 돌고 들어오는 자신의 모습을 그렸습니다. 그리고 마침내 1954년 5월 6일, 전력을 다해 1마일을 뛰고 점검한 그의 기록은 3분 59초 40. 인류가 처음으로 1마일을 4분 안에 뛰는 역사적인 '사건'이 발생한 겁니다.

그런데 정작 더 놀라운 일은 그 후에 벌어졌습니다. 사람들이 불가능이라고 여겼던 1마일 4분의 벽은 베니스터의 기록 경신을 계기로 잇달아 깨지기 시작했습니다. 한 달 만에 무려 10

명의 선수가 4분 벽을 깼고, 1년 후엔 37명이, 2년 후엔 300명이 4분 안에 1마일을 뛰는 기록을 만들어 냈습니다.

어떻게 이런 일이 가능했을까요? 그건 바로 우리들 스스로 만들어 낸 '불가능'이라는 선입견 때문이었습니다. 당시 육상계에서 4분 안에 1마일은 도저히 깰 수 없는 기록인 만큼, 기록보다는 순위 경쟁에 몰두했습니다. 4분 벽을 깨기 위해 뛴 것이 아니었고, 경기에서 1위를 하기 위해 뛰었기 때문에 자신의 한계를 넘기 위해 노력한 것이 아니라 경쟁자보다 빨리 뛰는데만 공을 들였던 거죠.

로저 베니스터가 1마일, 4분 벽을 깼다는 소식이 알려지면서 다른 선수들도 '1마일, 4분'이 불가능한 기록이 아니라는 사실을 깨달았던 겁니다. 로저 베니스터는 기록 경신의 상황을 훗날 이렇게 회고했습니다.

"내가 뛰어넘은 것은 정신력의 한계이다."

어쩌면 우리는 자신이 미리 만들어 놓은 한계를 정해놓고, 그 안에서만 안주하고 있는 건 아닌지 모르겠습니다. 그래서 어느 스포츠 회사의 광고 문구가 더 가슴에 와 닿습니다.

'불가능, 그것은 아무 것도 아니다! Impossible is Nothing!'

고래를 춤추게 하는 칭찬, 사람을 키우는 칭찬!

이번에는 재미있는 실험 하나를 들려주겠습니다. 1968년 미국 하버드대 심리학과 교수인 로버트 로젠탈Robert Rosenthal이 무작위로 한 반에서 20%의 학생을 뽑은 후, 교사들에게 "지능이 아주 뛰어난 학생들이니 잘 가르쳐 보라"고 부탁했습니다. 지시를 받은 교사들은 평범한 학생들을 뛰어난 학생들로 생각하고 8개월 동안 열심히 가르쳤습니다.

실험 결과는 아주 놀라웠습니다. 8개월 후, 무작위로 뽑혔던 평범한 학생들이 정말 '뛰어난' 학생들로 바뀐 것이죠. 교사들은 학생들에게 항상 "너희는 아주 뛰어난 학생들이야"라고 격려했고, 학생들은 "우리는 뛰어난 학생들이니 좋은 성적을 거둘 수 있을 거야"라며 노력하였습니다. 때문에 이렇게 놀라운 결과가 나왔지요. 이 실험은 주변 사람들의 기대와 칭찬이 불러일으키는 효과를 밝혀냈습니다.

'칭찬은 고래도 춤추게 한다'는 말이 있지요? 사람도 마찬가지입니다. 칭찬과 격려를 받고 자란 사람은 그렇지 못한 사람에 비해 모든 면에서 뛰어난 성과를 보이지요. 여러분의 부모님과 선생님이 항상 여러분을 칭찬하는 것도 이러한 이유 때문입니다.

여러분도 친구의 장점을 찾아보고, 그것을 칭찬해보는 것은 어떨까요? 장점을 칭찬하면 장점이 더욱 늘어나고, 단점을 격려하면 단점이 점점 줄어듭니다. 친구를 칭찬하면, 그 친구도 여러분의 장점을 칭찬해주겠지요? 여러분 모두 칭찬의 힘으로 훌륭한 사람이 되기를 바랍니다.

칭찬은 어떻게 해야 할까요?

사람들은 누구나 다른 사람들로부터 인정받고 싶은 욕구가 있습니다. 열심히 노력해서 상장을 받고 싶고, 다른 친구들로부터 리더십을 인정받아 반장을 하고 싶은 것도 주위 사람들에게 인정받고 싶기 때문이죠. 여러분도 선생님이나 부모님의 칭찬에 마음이 들뜨고 행복했던 경험이 분명 있었을 겁니다. 칭찬은 이렇게 인정받고 싶어 하는 다른 사람들의 마음을 충족시켜주는 좋은 선물입니다.

매슬로라는 유명한 심리학자는 사람들이 살아가면서 충족하고자 하는 욕구를 5가지 단계로 나눠 설명했습니다. 우선 사람은 동물의 원초적 욕구라고 할 수 있는 의, 식, 주를 해결하고자 하는 기본적인 욕구를 가지고 있습니다. 이를 1단계, 생리적 욕구라고 합니다.

생리적 욕구를 충족한 사람들은 이를 뛰어 넘어 안전을 추구합니다. 뜻하지 않은 위험에 노출되지 않고, 신체적 상해를 걱정하지 않아도 되는 시스템을 구축하려고 하는 것도 이런 안전에 대한 욕구를 충족하기 위해서죠.

2단계 안전에 대한 욕구를 넘어선 사람들은 소속감과 애정에 대한 욕구를 가지게 됩니다. 사회적 동물인 인간은 친구를 사귀고, 가족을 구성하며 여러 사람들과의 교류를 통해 자신의 정체성을 확립해 갑니다.

이런 소속감과 애정에 대한 욕구를 넘어서면서, 사람들은 존경에 대한 욕구를 갖습니다. 원만한 관계 형성을 넘어서 그 이상의 관계를 희망하게 되는 거죠. 다른 사람들로부터 주목과 인정을 받고 싶은 감정이 생겨나고, 이를 위해 노력합니다.

마지막 욕구 단계는 자아실현의 욕구입니다. 자신이 살고 싶은 인생을 설계하고, 이런 목표를 이뤄가는 중에 얻게 되는 자아실현의 과정 하나하나에서 행복을 찾게 됩니다. 매슬로는 이 자아실현의 욕구를 인간이 가질 수 있는 가장 높은 단계의 욕구로 설명했습니다.

자아실현의
욕구

자존의 욕구
(명예, 권력, 성취)

소속감과 애정 욕구
(타인과 관계, 인정, 단체소속)

안전에 대한 욕구
(신체적, 감정적 안전 – 위험 회피)

생리적 욕구
(의식주, 수면에 대한 욕구)

매슬로의 욕구 5단계 이론

가족과 친구, 사회 구성원으로부터 인정받고 싶은 마음은 이렇게 인간의 본능이라고 할 수 있습니다. 적당한 칭찬은 칭찬받는 사람의 행복감을 높이고 자신감을 갖게 하며, 더 좋은 사람이 되고 싶게 만드는 동기 부여가 됩니다. 칭찬이라는 자양분을 바탕으로 사람들은 더 좋은 사람으로 성장하게 됩니다. '톰 소여의 모험'을 쓴 미국의 소설가 마크 트웨인은 "나를 칭찬하는 말 한 마디가 두 달을 행복하게 한다"는 말을 하기도 했습니다.

그렇다면 칭찬은 어떻게 하는 게 좋을까요? 우선 다른 사람의 장점과 훌륭한 점을 잘 관찰하고, 이런 점을 칭찬해줘야 합니다. 잘 관찰하기 위해서는 그 사람에 대한 애정이 있어야겠죠. 칭찬은 또 진심이 담겨 있어야 합니다. 진심이 담겨 있지 않은 칭찬은 아첨에 불과할 뿐입니다. 진심이 담기지 않은 칭찬을 받는 사람은 본능적으로 진심에서 나온 말인지 거짓 아첨에 불과할 뿐인지 알아차리게 된다는 군요. 그리고 적절한 시점에 구체적이어야 합니다. 뜬금없고 구체적이지 못한 칭찬은, 칭찬이 가진 본연의 힘을 발휘하지 못합니다. 오히려 진실하지 못한 칭찬이라는 느낌을 줄 수 있어 역효과를 낼 수도 있습니다. 마지막으로 '내가 먼저'라는 생각이 중요합니다. 다른 사람들로부터 칭찬받기를 기다릴 것이 아니라 내가 먼저 다른 사람을 칭찬해 보세요. 저절로 다른 사람들의 칭찬을 받을 수 있을 겁니다.

우리는 왜 불행할까?

행복도 측정할 수 있을까요? 물론 정확한 수치로 행복지수를 재는 것은 힘듭니다. 하지만 여러 항목을 조사하여 어느 정도 행복한지 그 수준을 알아낼 수는 있습니다. 세계 여러 학자들은 각 나라의 사람들을 대상으로 행복지수를 매겨서 매년 결과를 발표하고 있습니다. 아쉽게도 우리나라 국민의 행복지수는 해마다 최하위권을 벗어나지 못하고 있지요. 유엔 산하 자문기구인 지속가능발전 해법 네트워크SDSN가 발표한 '2022 세계 행복보고서World Happiness Report'를 보면, 우리나라의 행복지수는 10점 만점 가운데 5.6점을 받아 세계 59위를 기록했습니다. 이전 통계와 비교해 보면, 2019년에는 54위까지 올랐다 다시 하락한 결과입니다. 해당 조사에서 1위는 7.8점을 기록한 핀란드가 차지했고, 7.6점을 기록한 덴마크와 아이슬란드 등 북유럽 국가들이 상위권에 이름을 올렸습니다. 또, 스위스와 네덜란드, 노르웨이, 뉴질랜드 등이 높은 행복 점수로 10위권에 들었습니다. 미국은 16위, 이웃나라인 일본은 54위에 머물러 우리와 큰 차이를 보이지 않았습니다. 조사 결과를 보면, 전반적으로 인구가 밀집한 아시아 국가들의 행복도가 낮은 것을 확인할 수 있습니다.

특히 청소년들의 주관적 행복지수가 매우 낮았는데요. 우리나라는 주요 경제 선진국들이 가입해 있는 OECD(경제협력개발기구) 30개국 가운데 청소년이 답한 '삶의 만족도' 점수에서 꼴찌를 기록했습니다. 1위를 차지한 네덜란드 청소년은 삶의 만족도가 94.2점이었던 반면, 우리나라 청소년에서는 60.3점이 나온 것이죠. 꼴찌에서 두 번째였던 체코 청소년의 삶의 만족도가 76.6점이었으니, 꼴찌도 그냥 꼴찌가 아니었지요.

그렇다면 우리들은 왜 이렇게 행복하지 않은 것일까요? 전문가들은 그 답으로 우리나라 특유의 '비교 문화'를 듭니다. "엄마 친구 아들은…", "엄마 친구 딸은…"으로 시작하는 엄마의 잔소리, 많이 들어보았지요? 오죽하면 '엄친아(엄마 친구 아들)', '엄친딸(엄마 친구 딸)'이라는 신조어가 생겼을까요? 물론 아빠의 잔소리도 만만치 않지요.

"누구는 이번에 몇 등 했다더라", "누구는 이번에 어디 대회에서 상을 탔다더라" 같은 비교하는 말은 비교를 당하는 사람에게 많은 부담과 상처를 줍니다. 설령 동기부여를 위해서 한 말이라고 해도 말이지요.

우리 안의 욕심이 우리를 불행하게 만들기도 합니다. 행복지수를 간단하게 재는 방법으로 '갖고 있는 것의 수'를 '갖고 싶은 것의 수'로 나누는 것이 있다고 합니다. 숫자가 적을수록 행복하지 않다는 뜻이겠지요? 우리나라보다 훨씬 가난한 부탄,

네팔 등의 행복지수가 훨씬 높은 것은 가진 게 많아서가 아니라, 욕심이 적기 때문입니다. 무엇이든 지나치면 독이 되지요? 욕심 또한 마찬가지입니다.

선순환과 악순환

국어를 좋아하지만 수학은 싫어하는 석완이. 석완이의 두 과목 성적은 어떨까요? 당연히 국어는 좋은 점수를 받을 테고, 수학은 좋은 성적을 받기 어렵겠지요. 이유는 간단합니다. 국어 공부에는 흥미를 느껴 많은 시간을 '투자'했을 것이고, 때문에 좋은 성적이 나온 것이죠. 반면, 수학 공부에는 흥미가 없어 적은 시간을 '투자'했을 테고, 때문에 나쁜 성적이 나온 것이죠. 아마 이것이 반복되면 국어 성적은 점점 오르고, 수학 성적은 점점 내려갈 것입니다. 좋은 성적이 나오면 자신감을 얻지만, 나쁜 성적이 나오면 주눅들게 마련이니까요. 이렇듯 어떤 것이 반복, 즉 순환되느냐에 따라 결과는 크게 달라집니다.

국어 공부처럼 좋은 현상이 반복되는 현상을 '선순환'이라고 말합니다. 반대로 수학 공부처럼 나쁜 현상이 반복되는 것을 '악순환'이라고 하지요. 경제에서도 선순환과 악순환이 자주 발생하는데, 그 순환 구조를 살펴보면 선순환의 고리를 잇고, 악순환의 고리를 끊을 수 있는지 해답을 찾을 수 있습니다.

역사가 그렇듯, 현재의 결정이 미래의 결과를 좌우합니다. 경제 역시 마찬가지입니다. 일자리(고용)의 증가는 가정의 소비 증가를 가져오고, 소비 증가는 자연스레 기업의 생산 증가로 이어집니다. 늘어난 수요량을 맞추기 위해 기업이 공급량을 늘리는 것이죠. 또, 생산 증가는 투자 확대를 끌어냅니다. 수요를 맞추기 위해 생산시설(공장)을 늘리는 것이죠. 공장이 늘어나면 더 많은 근로자가 일할 기회를 갖게 됩니다. 이렇듯 고용이 증가하면, 근로자들은 소비를 늘리는데, 이렇게 경제의 선순환이 일어나는 것입니다. 선순환은 경제 성장으로 이어지지요.

반대의 경우에는 경제의 악순환이 이어집니다. 즉, 고용 감소가 소비 감소를 가져오고, 소비 감소로 기업의 생산 활동이 줄면, 결국 기업은 고용을 줄여나가지요. 이런 악순환이 나타나면 경제 활동은 위축되고, 성장률이 떨어지면서 불황의 늪에 빠져듭니다.

경제 악순환의 대표적인 예가 1930년대 전 세계를 강타했던 미국의 대공황입니다. 대공황은 호황을 누리던 주식시장이 한순간에 폭락하면서 시작됐는데요. 주식 폭락으로 직장에서 쫓겨난 사람들은 돈벌이가 없자 소비를 줄였습니다. 기업들은 줄어든 소비로 인해 파산에 이르렀고, 결국 불황이 거듭되면서 '대공황'에 빠지고 말았습니다.

당시 미국 정부의 최대 과제는 대공황이라는 악순환을 끊는 것이었습니다. 그래서 나온 정책이 바로 '뉴딜New Deal'입니다. 뉴딜 정책은 당시 미국 대통령이었던 루스벨트Franklin Delano Roosevelt가 발표한 대규모 경기 부양책입니다. 루스벨트는 대규모 토목공사를 통한 일자리 증가로 악순환을 끊으려 하였습니다. 고속도로, 댐, 항만 등 대규모 인력이 필요한 사업을 잇달아 추진하면서 많은 일자리가 생겼고, 일자리를 얻은 사람들은 소비를 바탕으로 다시 소비하기 시작했지요. 소비 증가에 기업도 활기를 되찾아 경제가 악순환에서 선순환으로 바뀌었습니다.

유난히 수학 점수를 잘 못 받는 석완이가 수학에서 좋은 성적을 받을 수 있는 정답도 여기에 있습니다. 악순환의 고리를 끊기 위해, 더 많은 시간을 수학 공부에 집중하는 것이죠. 그럼 수학 성적이 약간이나마 좋아질 테고, 석완이는 오른 성적에 기분이 좋아져 수학을 더 열심히 공부하겠지요.

2022년 카타르 월드컵 조별리그 마지막 경기. 우리나라 축구 국가대표팀은 16강 진출을 위해 포르투갈을 반드시 꺾어야 했습니다. 또, 다른 조별 경기인 가나와 우루과이전에서 우루과이가 이기되 점수 차가 근소해야만 16강 진출이 가능했기 때문에, 해외 축구 전문 사이트에서는 우리나라의 16강 진출 가능성을 9%로 평가하기도 했습니다.

후반전 종료 휘슬이 울리기 직전까지도 우리나라는 1대 1 동점을 기록했지만, 후반 45분 기적 같은 일이 일어났습니다. 손흥민 선수는 폭발적인 드리블 후 상대 수비수 가랑이 사이로 기가 막히게 패스했고, 쇄도하던 황희찬 선수가 역전골을 완성해 2대 1로 천금같은 승리를 만들었습니다. 이후 가나도 우루과이의 파상 공격을 잘 이겨 내면서 우리나라는 극적으로 16강 진출에 성공했습니다.

'중요한 것은 꺾이지 않는 마음'이라는 문구가 적힌 태극기를 들고 운동장을 돌던 대한민국 축구 국가대표 선수들. "할 수 있다"는 긍정적인 주문이 기적을 현실로 만들었습니다.

반절 정도 물을 채운 컵을 두고 '아직 반이나 남았네'라고 생각하는 사람과 "반밖에 남지 않았네"라고 말하는 사람 가운데, 어떤 사람이 더 행복한 삶을 살 수 있을까요?

10

최소 비용으로
최대 효과를!

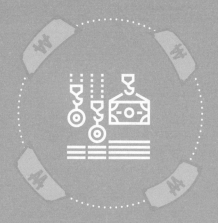

패밀리 세일의 비밀 ____

기업과 소비자, 이들의 목표는? ____

"석완아, 좀 서둘러. 이러다 늦으면 마음에 드는 옷을 하나도 못 살지도 몰라."

"꼭 이렇게 일찍 가야 되는 거예요? 30분만 더 자고 가요."

토요일 아침, 평소 같으면 늦잠을 잘 시간이지만 엄마가 유난히 부지런을 떱니다. 왜냐고요? 오늘은 석완이가 좋아하는 유명 브랜드 제품의 '패밀리 세일'이 있는 날이거든요.

아니나 다를까. 이미 행사장 앞은 세일을 기다리는 사람들로 장사진입니다. 석완이네 가족도 줄을 서 입장을 기다렸습니다. 다행히 줄이 짧아 서두른 보람이 있네요. 줄을 서던 석완이가 말을 꺼냅니다.

"엄마 말씀대로 서두르길 잘했어요. 이렇게 사람이 많이 몰릴 줄이야…."

"좋은 옷을 싸게 파니까 사람들이 많이 몰리는 건 당연하지.

다른 사람들도 우리랑 똑같은 생각을 하고 있을 테니 말이야."

"정말 그런 것 같아요. 지난번 백화점 세일 때도 옷이 거의 다 팔려서, 마음에 드는 옷을 구경도 못했잖아요."

"사람들은 누구나 좋은 물건을 싸게 사고 싶어 하지. 그러니까 백화점 세일을 이용하거나 굳이 멀리 있는 아웃렛에 가서 쇼핑을 하는 거란다."

서두른 덕분에 석완이네 가족은 평소 봐뒀던 옷 몇 벌을 살 수 있었습니다. 석완이도 봄 소풍에 입고 갈 멋진 티셔츠를 사서 기분이 들떠 있네요. 그런데 석완이가 궁금한 게 있나봐요.

"그런데 아빠. 왜 옷 회사에서는 세일을 해서 물건을 싸게 팔아요? 원래 가격에 팔면 더 많은 돈을 벌 수 있잖아요."

"흠, 설명을 하자면 좀 길다. 회사는 일단 제품을 많이 만들어서 많이 팔려고 하지. 그런데 생각보다 팔리지 않으니 재고가 생긴단다. 재고로 남은 제품을 오랫동안 보관하거나 창고에 넣어놓는 것도 돈이 드니까, 값을 내려서 파는 거란다."

"아하! 그럼 소비자도 기업도 모두 패밀리 세일로 이득을 보는 셈이네요!"

"그래. 소비자든 기업이든, 결국 똑같은 생각을 하고 있지. 어느 거래가 자신에게 더 유리한지를 말이야. 소비자와 기업은 항상 보이지 않는 '수 싸움'을 하고 있단다."

효율과 생산성

소비자든 기업이든 모든 경제 주체들은 효율성을 추구합니다. 소비자는 가장 적은 비용을 들여 큰 만족을 얻고 싶어 하지요. 속담에 '같은 값이면 다홍치마'라는 말이 있는 것처럼 말이죠. 똑같은 1000원짜리 물건이라도 가장 좋은 품질의 물건을 사고 싶은 게 소비자의 마음입니다. 석완이네 가족이 휴일인 토요일 아침에, 굳이 '패밀리 세일'이 열리는 행사장에 가서 줄을 섰던 것은 백화점이나 일반 매장에서보다 훨씬 저렴하게 물건을 살 수 있었기 때문이죠.

반면, 기업은 가장 적은 돈을 들여 가장 많은 제품을 만들고 싶어 합니다. 이익을 극대화하기 위해서이죠. 예를 들어 1500원어치의 물건을 만들 때 1000원을 들여야 한다면, 기업은 어떻게든 1000원보다 적은 돈으로 물건을 만들고 싶을 겁니다. 생산 비용이 줄어든 만큼 기업의 이익은 증가하니까요. 때문에 기업은 연구개발R&D이나 생산 자동화 등으로 원가를 줄이고자 노력합니다.

그동안 경제는 '최소의 비용으로 최대의 효과'를 거두려는 경제 주체 간의 기본 욕구를 통해 이뤄졌습니다. 경제의 가장 기본적인 원리로는 같은 비용으로 최대의 효과를 거두려는 '최대 효과 원칙'과 최소의 비용으로 같은 효과를 얻으려는 '최소비용 원칙'이 있지요.

이러한 원리는 경제 용어인 효율성과 생산성으로 설명할 수 있습니다. 특히, 이 두 용어는 기업에서 주로 적용됩니다. 기업은 효율성과 생산성을 바탕으로 이익을 늘리고자 노력하지요. 먼저, '효율성efficiency'은 들인 비용에 비해 실제로 나타난 효과의 정도를 말합니다. 효과를 비용으로 나눈 후 100을 곱해 퍼센트(%)로 표시하는데, 예를 들어 100원짜리 물건을 100원을 들여 만들었다면 효율은 100%(100÷100×100=100%)가 됩니다. 그런데 들이는 비용을 절반으로 줄이면 효율은 200%(100÷50×100=200%)가 되어, 100원의 비용을 들였을 때보다 2배 높은 효율을 거둘 수 있지요.

'생산성productivity'도 비슷한 개념입니다. 생산성은 생산 과정에서 생산을 위해 투입된 자원을 얼마나 효율적으로 사용했는지를 뜻하는 척도입니다. 생산성이 높다는 건 적은 자원을 투입해 많은 재화나 서비스를 제공할 수 있다는 뜻이지요. 반대로 생산성이 낮다는 건 많은 자원을 투입하고도 그만한 결과물이 나오지 않는다는 뜻이랍니다.

농업혁명, 산업혁명, 정보혁명

역사를 통틀어 인류는 그동안 생산성을 높이려 애써왔습니다. 그 결과, 현재의 물질적 풍요를 이뤄냈지요. 생산성을 높이는 과정에서 인류에게 세 번의 혁명 같은 변화가 찾아왔는데, 경제학자들은 이를 농업혁명(기원전8000~6500년), 산업혁명(18~19세기), 정보혁명(20세기~현재)으로 구분하고 있습니다.

인류 문명의 씨앗, 농업혁명

농업혁명은 인류가 수렵과 채집 생활에서 벗어나 농경 생활을 시작하면서 정착하게 된 것을 말합니다. 농업혁명은 지금으로부터 약 1만 년 전인 기원전 8000년경부터 기원전 6500년까지를 일컫지요.

처음 농업혁명이 일어난 곳은 현재 이란에서 팔레스타인으로 이어지는 오아시스 인근이었습니다. 그곳에 살던 사람들은 이전까지 유목을 하고 있었는데, 오아시스 인근에 정착하여 농사를 짓고 촌락(마을)을 이루기 시작했지요. 오아시스가 있었기에 물을 끌어들여 농사를 지을 수 있었고, 또 가축도 키울 수 있었습니다.

농업혁명은 인류의 삶에 많은 변화를 가져왔습니다. 농사를 짓고 가축을 기르면서 생산성이 높아졌고, 이로 인해 본격적으로 인구가 증가하기 시작했지요. 이후 혈연 중심의 씨족 사회가 출현하였습니다. 수명도 획기적으로 늘어 인류가 무언가를 배울 수 있게 되었지요. 이렇게 쌓인 지식이 세대를 걸쳐 이어지면서 사회는 꾸준히 발전해왔습니다. 또한 농업혁명 때 농사에 관련된 도구가 본격적으로 만들어졌는데요. 주로 돌로 도구를 만들었기 때문에 농업혁명을 '신석기혁명'이라고 부르기도 한답니다.

새로운 동력의 발견, 산업혁명

농업혁명 다음은 산업혁명입니다. 농업혁명 이후 바퀴의 발견, 문자와 인쇄술의 발명, 의학과 농업의 발달 등이 일어났는데요. 산업혁명은 18세기 말에 본격적으로 기계를 사용하면서 시작됐습니다. 그전까지는 사람의 힘이나 동물, 바람 같은 자연의 힘으로 일을 해왔지요.

산업혁명의 시발점은 증기기관의 발명입니다. 스코틀랜드의 발명가 제임스 와트James Watt가 1769년 발명한 증기기관이 산업혁명의 불씨를 당겼죠. 기계의 발달로 이전까지 소규모로 생산되던 물건이 대규모로 생산되기 시작했습니다. 또한 증기기관을 통해 기선과 철도가 대중화되고, 철강 기술이 발전하는 등, 큰 경제 발전을 이루었지요.

산업혁명이 가져온 변화는 이뿐만이 아닙니다. 중세 유럽의 통치 제도인 봉건제가 붕괴되고, 자본주의와 공산주의라는 새로운 체제가 출현했습니다. 봉건제도일 때 영주 밑에서 농사를 짓던 농민들은 기계로 가득한 공장에서 일하는 노동자가 되었습니다. 또 공장이 몰려 있는 도시에 노동자가 모이면서 자연스레 거대 도시가 생겨났습니다. 도시의 발전은 노동자가 자신의 권리를 주장하면서 민주주의의 확산으로 이어졌습니다. 불과 한 세기만에 산업혁명으로 경제, 철학, 정치 등 사회 전체가 바뀐 것이죠.

산업혁명은 또한 세계사의 판도를 바꿔놓았습니다. 산업화에 가장 먼저 성공한 영국은 물론, 독일, 프랑스 등 유럽의 여러 나라와 미국이 세계사의 주도권을 잡기 시작한 것이죠. 산업혁명 전까지만 해도 세계사의 중심은 중국을 중심으로 한 동양에 있었지만, 산업혁명을 계기로 세계의 중심이 급격하게 서양으로 옮겨갔습니다.

컴퓨터와 인터넷이 가져온 혁신, 정보혁명 _____

산업혁명으로 인간의 육체노동을 기계가 대신하기 시작하자, 인류는 지식 같은 정신노동 쪽으로 빠르게 변모하였습니다. 이후 산업사회가 탈공업사회, 정보사회로 발전하면서 정신노동에 일대 혁신을 가져왔는데요. 이것을 정보혁명이라고 부릅니다.

정보혁명은 컴퓨터의 대중화와 네트워크 기술의 발달에서 비롯됐습니다. 1940년 개발된 컴퓨터가 계산Calculation, 제어 Control, 통신Communication을 획기적으로 바꾸었다고 해서 정보혁명을 '3C혁명'으로도 부르기도 합니다. 이 '3C'가 발전하면서 산업 현장은 자동차 기반을 갖추게 되었지요. 즉, 사람이 계산하고 제어하지 않고도 이미 정해진 프로세스(공정)에 따라 생산성이 크게 증가한 것입니다.

특히 컴퓨터를 네트워크로 연결하는 인터넷은 정보혁명의 핵심으로 꼽힙니다. 여러분은 인터넷이 없는 세상을 상상할 수 없겠지만, 불과 30년 전만 하더라도 인터넷은 소수의 사람만 이용할 수 있었죠. 인터넷의 발달로 시공간을 초월한 정보 축적과 공유가 가능해졌습니다. 이후 더 많은 사람이 인터넷을 이용하면서 이러한 정보의 축척과 공유가 빠른 속도로 늘어나고 있지요.

정보혁명은 현재진행형입니다. 컴퓨터의 발명에서 인터넷

의 대중화, 여기에 스마트폰으로 대표되는 모바일 혁명까지, 혁명의 속도 역시 더 빨라지고 있지요. 최근에는 인간의 지능을 컴퓨터로 구현한 인공지능AI 분야가 급속도로 발전하고 있습니다. 수많은 경우의 수가 있어 기계의 계산력보다 인간의 사고력이 더 중요하다고 여겨졌던 바둑에서도 인공지능이 더 유리하다고 밝혀졌지요. 세기의 대결로 불린 이세돌 9단과 인공지능 알파고의 바둑 대결에서 예상을 깨고 알파고가 승리하면서, 앞으로의 인공지능시대를 예고했습니다.

몇몇 사람들은 영화 〈터미네이터〉나 〈매트릭스〉에서처럼 인공지능이 인간을 지배하는 시대가 오지 않을까 걱정하기도 합니다. 하지만 많은 전문가들은 인공지능이 스스로 무언가를 배우고 생각할 때까지는 그럴 가능성이 없다고 말하지요. 인류가 수많은 어려움을 극복하며 오늘날에 이른 것처럼 미래 역시

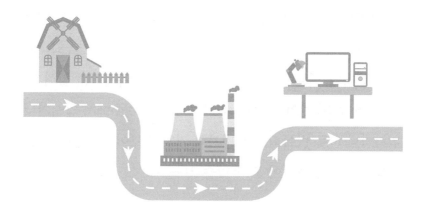

인류에 알맞은 사회가 될 것이라는 게 미래학자들의 말입니다. 아직 오지 않은 시대에 지레 겁먹을 필요는 없겠죠?

뛰는 소비자에 나는 기업!

앞서 말했듯이 소비자와 기업 모두 적은 비용으로 큰 만족을 얻으려 합니다. 특히 인터넷이 발전하면서 소비자는 다양한 경로를 통해 물건을 합리적으로 사곤 하지요. 요즘 소비자들은 인터넷 가격 비교 사이트를 통해 같은 제품이라도 가장 낮은 가격에 살 수 있는 곳을 찾습니다. 수고롭더라도 조금이라도 싸게 살 수만 있다면 아울렛이나 세일하는 곳을 찾아가지요.

기업은 이런 소비자의 욕구를 만족시키기 위해 끊임없이 고민합니다. 소비자에게 최고의 만족을 제공하면서도, 지속적으로 이익을 내고 싶어 하지요. 기업은 이를 위해 소비자의 행동을 연구하고, 분석하고, 예측합니다. 최소의 비용으로 최대의 만족을 위해 '뛰는' 소비자, 그런 소비자를 만족시키기 위해 '나는' 기업. 다시 기업을 '넘어서려는' 소비자. 경주에서 앞서거니 뒤서거니 하듯 반복되는 소비자와 기업의 보이지 않는 싸움은 경제 발전의 원동력이 되고 있습니다.

교육, 비용이 아닌 투자!

세계에서 잘나가는 기업들은 최고의 인재를 뽑고, 그들이 자신의 능력을 최대한 발휘할 수 있도록 돕고 있습니다. 기업의 이러한 노력은 기업을 지탱하는 원동력이 되고 있지요.

그런데 기업은 인재는 물론, 직원을 위한 교육에도 많은 시간과 비용을 들이고 있습니다. 신입사원 교육 후에 또 받는 교육이라 하여 이것을 '재교육'이라고 부르기도 합니다. 특히 한국의 대기업의 경우, 평균 1억 원이 넘는 돈을 재교육에 투자하고 있지요.

기업이 이렇게 많은 돈을 들여 직원들을 교육하는 이유는 뭘까요? 답은 간단합니다. 가까이 보면 직원들의 교육비가 '비용'일지 몰라도, 멀리 보면 새로운 지식을 갖춘 직원을 길러내는 '투자'이기 때문입니다. 당장 100원의 교육비가 들더라도 직원의 생산성이 높아져 150원 이상의 성과를 낸다면, 이보다 더 좋은 투자는 없지요. 눈에 보이는 공장이나 생산 시설에 대한 투자만 투자가 아닙니다. 이렇게 눈에 보이지 않는 사람에 대한 투자도 갈수록 중요해지고 있습니다.

라면 한 봉지와 라면 한 묶음

할인마트에 가면 여러 묶음 상품을 볼 수 있지요? 묶음 판매로 유명한 것은 바로 라면입니다. 그런데 라면 한 봉지의 가격이 1000원인데, 다섯 개를 묶어 파는 묶음 상품은 4500원이네요. 라면뿐만이 아닙니다. 500밀리리터 우유를 두 개 사는 게 1리터 우유 하나 사는 것보다 싸기도 하지요. 과연 어떻게 된 일일까요?

이렇게 많은 양을 한 번에 파는 것은 일종의 할인 판매인데요. 많이 살수록 할인을 받을 수 있는 이유는 물론 기업이 그렇게 팔아도 이익을 얻기 때문입니다. 이러한 원리를 경제학에서는 '규모의 경제Economy of Scale'라고 부르지요.

규모의 경제는 물건을 많이 만들 때 단위별 생산 비용이 줄어드는 현상을 일컫습니다. 적은 양의 제품을 만들면 생산 단가가 높지만, 많은 양을 만들면 생산 단가가 오히려 떨어지는 것이죠. 일반적으로 생산량 증가보다 생산 비용 증가가 느린 속도로 오른다고 합니다. 과자 한 봉지를 만들 때 1000원이 들었다면, 두 봉지를 만들 때는 800원, 세 봉지를 만들 때는 700원의 추가 비용만 들이면 된다는 것이죠.

규모의 경제가 가능한 이유는, 먼저 재료 대량 구매에 따른 원가 절감을 꼽을 수 있습니다. 예를 들어, 과자를 만드는 데 필요한 밀가루를 조금 사올 때보다 많이 사올 때 더 싸게 살 수 있기 때문에 생산비도 그에 따라 줄어드는 것이죠. 또 다른 원인으로는 고

정비용이 줄어든다는 점을 꼽을 수 있습니다. 고정비용은 생산량의 정도와 관계없이 일정하게 생기는 비용을 말합니다. 하나의 제품을 생산할 때나 많은 제품을 생산할 때나 공장의 기계가 돌아가야 하지요. 과자를 1개 만들든 10개 만들든 기계는 한 번 돌아가는데, 1개를 만들면 단가에 기계 한 번 돌린 비용이 포함되지만, 10개를 만들면 기계 한 번 돌린 비용을 10으로 나누기 때문에 단가가 줄어드는 것이지요. 또, 작은 용기에 나눠서 파는 것보다 큰 용기에 한 번에 담아서 파는 편이 원가가 적습니다. 때문에 많은 기업들이 낮은 가격에 묶음 상품이나 대용량 상품을 팔 수 있는 것이죠.

그렇다고 규모의 경제가 언제나 적용되는 것은 아닙니다. 어느 정도까지는 규모의 경제로 제품당 생산비용을 줄일 수 있지만, 기준선을 넘으면 오히려 생산비가 늘어날 수도 있다는군요. 때문에 기업들은 적절한 기준선을 찾아 효율적인 생산량을 정하고 있습니다.

최근 IT기술의 발달로 페이스북과 트위터 같은 SNS(소셜네트워크

서비스)가 빠르게 확산되고 있습니다.

석완이 엄마도 SNS를 즐겨 하는데요.

얼마 전 엄마가 SNS를 통해 공동구매로 태블릿PC를 시중보다 10%

이상 싸게 구입했습니다. 엄마가 태블릿PC를 싸게 살 수 있었던 비

결은 과연 무엇일까요?

11

터미네이터의
시대가 온다!
-4차 산업혁명

인공지능은 위기일까? 기회일까? ____

4차 산업혁명이 가져올 변화는? ____

"아빠, 혹시 X맨 시리즈 영화 다 보셨어요? 토요일에 친구들과 봤는데, 정말 재밌어요."

"그래? 난 요즘 온통 CG로 도배한 영화는 재미가 없더라. 너무 만화 같아서 말이야. 그런 영화는 차라리 만화로 보는 게 더 재밌겠던데."

"참, 아빠는 이래서 '인싸'가 못 되는 거예요. 하하. 요즘 아이들은 그런 만화 같은 영화를 좋아하거든요. X맨에 나오는 주인공들이 얼마나 멋진데요."

일요일 저녁, 오랜만에 석완이가 영화를 화두로 아빠에게 먼저 얘기를 건넵니다. 주로 아버지가 석완이에게 질문을 하는 일이 많은데, 오늘은 석완이가 대화를 주도해 갑니다.

"그럼 아빠는 어떤 영화들이 재밌어요?"

"음…, 아빠는 역사를 주제로 한 영화들이 재밌더라. 역사

속 인물들을 다양한 시각으로 재해석했다든지, 아니면 역사 속 주인공들의 선택이 어떻게 세상을 바꿔놨는지 이런 걸 보는 게 재밌어."

"아빠, 이게 세대차이인가 봐요. 제 친구들은 그런 영화 잘 안 봐요. 그럼 엄마는 어떤 영화 보는 걸 좋아하세요?"

아빠와는 더 이상 얘기가 통하지 않는 걸까요? 이번에는 석완이의 질문이 엄마에게로 향합니다. 엄마는 그래도 석완이랑 좀 통하는 곳이 있을까요?

"엄마도 그런 만화 같은 영화는 안 좋아하는데. 엄마도 인싸가 되기는 어려운 거니? 엄마랑도 세대차이가 난다고 할 것 같아, 섭섭하네."

"참, 영화 얘기가 나왔으니 하는 말인데, 아빠도 공상과학 영화는 좋아해. 석완이 너 혹시 '터미네이터'라는 영화 들어봤니? 아주 유명한 영화인데."

"아, 그 영화! 사이보그 기계 나오는 영화 아닌가요? 'I will be back!' 그런 대사 나오고. 설 연휴에 TV에서 한 번 방영해준 것 같아요."

"맞아. 아빠가 중학생 때인가 처음 나왔고, 그 이후로도 여러 번 속편이 나왔지. 아빠는 그 영화를 처음 봤을 때 받았던 충격을 아직도 잊을 수 없어. 사이보그 로봇이 스스로 진화해서 인간을 공격하고, 기계가 인간을 지배하는 세상이라니. 그런데 지금 생각해 보면 정말 그런 시대가 오는 건 아닌지 한편으론 두렵기도 해. 터미네이터는 정말 아빠가 꼽는 인생작이라고 해도 모자랄 게 없는 영화야."

"와! 아빠가 그 정도로 생각하는 명작이라면, 우리 같이 다시 한 번 봐요."

터미네이터가 가져온 충격

영화 '터미네이터'가 처음 개봉한 때는 1984년으로, 벌써 최초 개봉일로부터 40년 가까이 됐습니다. 제임스 카메론 감독이 메가폰을 잡았고, 2015년 제작된 '터미네이터 제네시스'까지 무려 4편의 속편이 나왔습니다. 특히, 터미네이터 제네시스에는 우리나라 영화배우인 이병헌 씨가 주요 배역에 캐스팅 돼 더욱 화제가 되기도 했죠.

미국 SF 영화는 1984년 개봉된 터미네이터를 기점으로 터미네이터 전 영화와 후 영화로 나뉜다고 할 정도로, 센세이셔널한 반응을 얻었습니다. 아놀드 슈왈제네거가 주연을 맡았던 1991년 '터미네이터 – 심판의 날'은 무려 1억 달러 이상의 흥행 수익을 올리며, 그 해 개봉한 헐리우드 영화 흥행 1위를 기록하기도 했습니다.

영화의 스토리는 아주 간단합니다. 가까운 미래에 인간은 인공지능AI 전략 방어 네트워크로 스카이넷을 개발합니다. 그런데 이 스카이넷은 스스로 생각하고, 진화하면서 인격체를 가진 존재로 발전하고, 이런 자신의 존재를 두려워한 인간이 스카이넷을 파괴하려고 하자 핵전쟁을 일으켜 인류를 전멸의 위기로 몰아넣습니다. 이때, 살아남은 인간들은 기계의 노예로 전락하게 되는데, 존 코너라는 리더가 나타나 저항군을 조직하고 스카이넷에 대항하게 됩니다.

스카이넷은 저항군 리더의 존재를 두려워해, 아예 존 코너가 태어나지 못하도록 타임머신을 이용해 강력한 전투력을 보유한 전사를 파견합니다. 존 코너의 어머니 사라 코너를 살해하도록 해 존 코너의 출생을 막기 위한 거죠. 이때 저항군의 리더인 존 코너 역시, 자신의 어머니를 보호할 전사 카일을 파견하게 되는데, 재밌는 사실은 존 코너의 어머니 사라 코너를 보호할 임무를 갖고 파견된 미래 전사가 바로 그녀와 사랑에 빠지게 된다는 겁니다. 결국 존 코너가 파견한 미래 전사 카일이 존 코너의 아버지가 되는 셈이죠. 첫 편의 성공에 이어 제작된 속편들도 어린 시절의 존 코너를 제거하기 위해 미래에서 파견된 사이보그 전사가 등장하고, 이를 방어하기 위한 다른 전사들의 고군분투가 이어집니다. 이 과정에서 존 코너는 더 강한 의지와 실행력을 가진 진짜 리더로 성장합니다.

영화가 흥행에 성공하면서, 사람들은 영화에서처럼 미래에는 기계가 인간을 지배하는 시대가 오는 건 아닌지 걱정하기 시작했습니다. 특히 인터넷이 전 세계에 보급되고, 인공지능으로 불리는 AIArtificial Intelligence와 빅 데이터Big Data가 광범위하게 활용되기 시작하면서 이런 두려움이 커지기도 했습니다. 생명체가 돌연변이를 만들어 진화한 것처럼, 단순한 기계의 오작동이나 돌연변이가 인류를 위기로 몰아넣을 수도 있다는 위기감이 생겨난 거죠.

영화 '아이언맨'의 실제 모델로 잘 알려진 일론 머스크는 이런 AI에 의한 인류 지배를 경고하고 있습니다. 머스크는 전기 자동차로 유명한 테슬라를 설립하고 스페이스X 등 우주 개발을 추진하고 있는 유명한 벤처 기업가인데, AI를 이용해 완전 자율 주행 자동차를 곧 선보이겠다는 프로젝트를 추진하고 있습니다. 또 하이퍼루프라는 지하 터널을 이용해 비행기보다도 빠른 속도로 먼 거리에 있는 대도시를 연결하는 계획을 세우기도 했죠.

첨단 기술을 신봉하는 머스크는 "머지않아 AI가 인간보다 더 똑똑해지면 인간은 모든 판단 결정권을 AI에 빼앗기게 될 것"이라며 "인간이 애완 고양이 신세가 될 수도 있다"고 경고하고 있습니다. 하지만 여전히 많은 과학자들은 기술의 인류 지배는 없다고 단언합니다. 지금까지 과학과 기술의 발전을 통해 인류가 발전해 왔듯, AI와 빅데이터의 진화는 인류 역사의 발전에 공헌할 것으로 판단하고 있습니다. 그리고 기술의 발전이 인류의 삶을 더 윤택하게 할 도구가 될 것으로 기대하고 있습니다. 실제 역사를 돌이켜봤을 때도 수많은 비관론과 멸망의 예언이 제기됐지만 오히려 인류는 슬기롭게 위기를 극복하며 진보를 거듭할 수 있었습니다.

4차 산업혁명의 시대

"미래는 이미 여기 와 있다. 아직 퍼지지 않았을 뿐이다.The future is here. It's just not widely distributed yet."

이 말은 미국의 유명한 공상과학 소설가인 윌리엄 깁슨William Gibson이 한 얘기입니다. 깁슨은 미국 사우스 캐롤라이나주의 콘웨이에서 1948년 태어났는데, 아버지의 영향을 받아 과학에 관심이 많았다고 해요. 깁슨은 1984년에 자신의 첫 장편소설 '뉴로맨서'를 발간하면서 유명 작가 반열에 올랐습니다. 이 소설에서 깁슨은 디지털 공간 '사이버 스페이스'와 '매트릭스'라는 개념을 새로 소개하면서 일약 공상과학 소설의 새로운 장르를 개척했다는 평가를 받게 됩니다.

깁슨의 말처럼, 이미 우리는 많은 미래를 경험하고 있습니다. 공상과학 소설이나 영화에서나 봤음직한 일들이 현실이 되고 있습니다. 자율주행 자동차를 비롯해 드론, 로봇 개, 유전자 제거 기술을 이용한 질병 예방, 빅데이터를 활용한 인간 행동 예측, 우주여행 등 꿈으로만 여겼던 기술이 하나둘씩 실현되고 있으니까요.

사실 '4차 산업혁명'으로 불리는 정보, 기술혁명은 이미 진행형에 있습니다. 인공지능과 로봇기술, 빅데이터, 사물 인터넷IOT, 생명과학의 기술 진보가 이끄는 제4차 산업혁명의 선두주자가 되기 위한 기업과 국가 간의 경쟁도 갈수록 치열해지고 있습니다.

1784년, 증기기관을 개발한 영국에서 시작된 1차 산업혁명을 계기로 영국은 '해가 지지 않는 나라'로 불릴 만큼 전 세계 경제 권력과 군사적 패권을 겸비한 '대영제국'으로 발돋움할 수 있었습니다. 지금도 '영국 연방Commonwealth of Nations'으로 불리는 거대한 국가 연방체는 당시 세계를 주름잡았던 대영제국의 위상을 확인할 수 있습니다. 영국 연방에는 캐나다와 호주, 뉴질랜드, 인도, 나이지리아, 우간다, 남아프리카 공화국 등 아시아, 중남미, 아프리카, 오스트레일리아 대륙 등 여러 국가가 포함돼 있습니다.

상업용 발전기가 발명된 1870년은 제2차 산업혁명의 원년으로 꼽힙니다. 증기기관 발명에 이은 새로운 에너지 혁명을 계기로, 인류의 삶은 크게 달라졌습니다. 특히 미국의 에디슨이 1879년 탄소 필라멘트를 사용한 백열전구를 완성하면서, 낮으로 제한됐던 인류의 경제활동 시간이 밤까지 연장되는 획기적인 전환점을 맞게 됩니다. 어둠에서 해방된 인류는 전기 혁명을 계기로 새로운 경제 영역에 진입하게 됩니다. 미국은 제2차 산업혁명을 주도하며 영국이 가진 글로벌 패권을 이어받게 되는 발판을 마련하게 됩니다.

제3차 산업혁명은 컴퓨터와 인터넷으로 촉발됐습니다. 1969년, 미국이 처음 선보인 컴퓨터 네트워크는 오늘날 우리가 사용하는 인터넷의 시초가 됐습니다. 인터넷은 두 대의 컴퓨터가 서로 통신할 수 있는 네트워크Network의 개념에서 시작됐습니다. 두 대의 컴퓨터 연결에서 여러 대의 컴퓨터가 연결되고, 네트워크의 범위가 넓어지면서 지금과 같은 인터넷으로 발전할 수 있었습니다. 인터넷은 미국이 냉전 시절 옛 소련과의 군사적 경쟁관계에서 우위를 점하기 위해 군대 내 컴퓨터의 네트워크 기술 개발에 대규모 투자를 하면서 발전했습니다. 미군 내 네트워크의 효용성이 확인되면서 민간부문으로 확대됐고, 지금과 같은 인터넷 네트워크가 완성됐습니다.

4차 산업혁명은 로봇이나 인공지능, 사물인터넷을 통해 모든 사물을 지능적으로 제어할 수 있는 기술 혁명을 말합니다. 2016년, 스위스 다보스에서 열리는 세계경제포럼WEF: World Economic Forum에서 처음 4차 산업혁명의 개념이 정의되고, 새로운 산업 시대가 개막됐다고 밝히면서 많은 사람들의 공감을 얻었습니다. 새로운 지능 정보기술이 기존의 산업과 서비스에 접목되면서 완전히 새로운 패러다임의 경제 생태계를 구축하기 시작했다는 점에서 4차 산업혁명은 글로벌 경제에 획기적인 변화를 예고하고 있습니다. 특히 많은 전문가들은 4차 산업혁명의 특징으로 꼽히는 '초연결성hyperconnectivity'과 '초지능superintelligence'이 기존의 산업혁명보다도 빠른 속도로 영향을 미치게 될 것으로 전망하고 있습니다.

일하지 않아도 되는 시대가 온다?

혁명이라 불릴 정도의 큰 변화는 자주 발생하지 않습니다. 하지만 그 혁명을 기점으로 정치, 경제, 사회, 문화, 종교 등 사회 전반은 획기적인 변화를 경험하게 됩니다. 유럽은 르네상스 시대를 통해 세계를 보는 인식의 틀을 완전히 바꿔놨습니다. 르네상스는 신의 영역에 국한됐던 인류의 사고를 현실 세계로 끌어들여 과학 혁명의 토대를 마련했고, 과학 혁명은 현대 사상의 기본이 되는 합리주의를 정착시켰습니다. 1789년 발생한 프랑스 혁명은 누구에게도 양도할 수 없는 자유로운 개인의 권리를 보장하고 있습니다. 이를 통해 인류는 태어나면서부터 갖게 되는 권리, 즉 자유롭고 평등하며 행복을 추구할 수 있는 권리를 공인받게 됐습니다. 또 국가의 주권이 국가를 구성하는 개인에 있음을 천명하면서 중세의 왕정 체제를 종식시킬 수 있었습니다. 근대 민주주의 국가의 기본 철학이 프랑스 혁명을 통해 전 세계로 전파된 셈이죠.

산업혁명의 가장 큰 특징은 생산성Productivity 향상에 있습니다. 더 적은 시간과 에너지, 노동을 투입하더라도 더 많은 성과를 만들어 낼 수 있다는 점에서 산업혁명은 생산성 혁명이라고 할 수 있습니다. 증기기관의 발명과 전기의 상용화는 에너지 혁명이었고, 컴퓨터와 인터넷, AI와 로봇으로 대표되는 3, 4차 산업혁명은 정보혁명입니다.

우리 앞에 펼쳐지고 있는 4차 산업혁명은 인류에게 새로운 도전과 함께 기회를 제공하고 있습니다. 특히 생산성의 획기적인 향상에 따라 사람들은 이제 똑같은 결과물을 내기 위해 훨씬 더 조금만 일해도 되는 시대를 맞았습니다. 과거 1000명이 일해 100억 원의 제품이나 서비스를 생산했다면, 이제 100명만 일하고 로봇과 AI를 활용하면 150억 원의 제품과 서비스를 생산할 수 있는 시대가 된 겁니다. 이 때문에 4차 산업혁명이 고도화될수록 오히려 일자리는 줄어드는 시대를 맞이하고 있습니다. 최근 '고용 없는 성장'이라는 말로 대표되는 우리 경제 트렌드의 변화는 이 같은 4차 산업혁명의 결과로 해석할 수 있습니다. 기업의 매출은 늘고, 우리 경제는 성장하는데도 오히려 일자리는 줄어들면서 실업 문제가 더 심각해지는 시대를 살게 된 거죠.

이 같은 변화는 1900년대 미국 농업 종사자 수 변화를 통해서도 확인해 볼 수 있습니다. 1900년 미국 전체 노동 인구에서 농업 분야 종사자는 40%에 달했습니다. 10명 중에 4명은 농업과 관련한 일을 했던 거죠. 그런데 1970년 통계를 보면 미국의 농업종사자 비중은 2% 아래로 떨어졌습니다. 100명 가운데 2명만 농업 관련 일을 하게 된 거죠. 이렇게 농업 종사자 수가 줄었다고 미국의 농업 생산량이 줄어들었을까요? 아닙니다. 오히려 미국의 농업 생산은 3.5배 이상 증가했습니다. 트랙터와 경비행기, 화학 비료 사용 등을 통해 생산성이 확대되면서 더 적은 사람으로도 더 많은 생산이 가능했던 겁니다.

최근 사회문제가 되고 있는 '청년 실업'도 같은 맥락에서 나온 문제라고 볼 수 있습니다. 우리 경제가 연평균 7%대의 고도 성장을 기록하고 기업이 성장하면서 더 많은 사람을 고용해야만 했던 시기에는 청년 실업이라는 말 자체가 존재하지 않았을 정도로 인력난이 심했습니다. 지금과는 반대로, 오히려 기업이 좋은 사람을 뽑기 위해 안달을 냈고 조금 능력이 좋은 취업 희망자라면 여러 회사 가운데 골라서 취업을 할 수도 있었습니다. 국제노동기구ILO는 1995년 한국의 청년실업률을 5%대 초반으로 분석했고, 2020년 우리나라의 청년실업률은 10%를 넘나들고 있습니다. 청년 10명 가운데 1명은 일하고 싶어도 일자리를 찾지 못하고 있는 셈입니다.

제러미 러프킨이라는 유명한 미래학자는 이미 1996년에 '노동의 종말'이라는 제목의 책을 발간해 세계적인 베스트셀러가된 건 물론이고, 우리 사회의 새로운 패러다임 변화를 제시하기도 했습니다. 이 책이 주장하는 바는 아주 간단합니다. 로봇과 자동화로 대표되는 기계가 인간의 노동력을 대체하고, 이를통한 생산성 증가는 우리 인간들의 일자리를 앗아간다는 거죠. 이 과정에서 새로운 기술의 접목과 생산성 향상은 부유층은 더부유하게 하고, 가난한 사람은 더 가난하게 만드는 '부익부 빈익빈' 현상을 가속화시킬 것으로 내다봤습니다.

미래에는 어떤 일을 하며 살까요?

위기危機는 위험危險과 기회機會의 앞 두 글자를 떼어내어 나왔다는 말, 들어봤을 겁니다. 4차 산업혁명의 고도화에 따른일자리 위기 역시 마찬가지입니다. 제대로 준비하고 대응하지못하는 사람들에게는 '위험'이지만, 이 같은 변화를 잘 활용하는 사람들에게는 '기회'가 될 수 있습니다.

그렇다면 4차 산업혁명에 따른 '노동의 종말' 시기에 우리는 어떤 일을 하며 살게 될까요? 4차 산업혁명 전문가로 꼽히는 토머스 프레이는 "2030년이면 전 세계적으로 20억 개의 일자리가 사라질 것"으로 내다봤습니다. 또 전체 일자리 가운데 무려 70%의 일자리가 새로운 영역에서 새로운 모습으로 등장할 것으로 전망하고 있습니다.

미래에 사라지거나 일자리가 감소할 위험이 높은 직업으로는 텔레마케터와 회계사, 은행원 등이 꼽혔습니다. 수학적 계산이나 단순 업무, 정해진 매뉴얼에 따른 응대 업무라는 공통점이 있는 직업들이죠. 이런 일들은 인공지능이 대체할 수 있고, 오히려 인공지능을 활용하는 것이 기존의 노동력을 투입하는 것보다 효율적이라는 점에서 4차 산업혁명의 파고를 넘기 힘들 것으로 보입니다. 실제 2019년 초 한 대형 은행이 직원들의 임금과 처우 문제 개선을 이유로 파업을 벌였지만 과거와 달리 소비자들이 느끼는 피해는 크지 않았습니다. 인터넷 뱅킹이나 전산화된 금융 거래를 통해 '은행원 없는 은행'이 현실화된 상황을 체감할 수 있었습니다. 전문직 가운데 하나로 손꼽히는 의사 역시, 인공지능이 대신 병을 진단하고 로봇이 사람 대신 수술을 하는 기술이 발달하면서 위험도가 높은 직업에 꼽히기도 했습니다.

4차 산업혁명 시대의 유망한 일자리는 새로운 기술의 발전을 제대로 활용할 수 있는 영역에 집중될 것으로 보입니다. 미래 유망 직업으로는 인공지능 전문가와 사물 인터넷 전문가, 로봇 공학자, 소프트웨어 개발자가 유망 직업으로 평가받고 있습니다.

이런 유망 직업들의 공통점은 4차 산업혁명의 핵심인 프로그래밍과 소프트웨어 제작 분야와 관련돼 있다는 데 있습니다. 프로그래밍을 통해 스마트 기술을 관리하고 개발하는 점에서 미래에는 프로그래밍 즉, 코딩Coding이 성공할 수 있는 주요 역량이 될 것이란 전망입니다. 마치 현재 전 세계 커뮤니케이션의 기본 언어가 되다시피 한 영어를 잘하면 일자리를 찾는데 도움이 되는 것처럼 코딩은 4차 산업혁명 시대의 기본 언어가 될 것으로 보입니다.

기본소득(Basic Income)

　4차 산업혁명에 따른 일자리 위기에 대한 우려가 커지면서, 이를 극복할 수 있는 사회적 논의도 한창입니다. 일을 하고 싶은 사람이 경제 시스템의 구조적인 변화로 인해 일을 할 수 없게 됐을 때, 우리 사회에 있을 충격과 사회적 불안정을 어떻게 해결해 나가야 하는지에 대한 문제가 대두되고 있습니다. 역사적으로 대량 실업은 정치적 불안을 증폭시켜 사회적인 급변 사태의 배경이 돼 왔습니다.

　기본소득Basic Income 논의가 시작된 것도 같은 배경입니다. 기본소득이란 개인의 소득과 재산에 상관없이 모든 국민에게 일정 수준의 기본 생계 비용을 지급하는 제도입니다. 예를 들어, 모든 국민에게 월 100만 원의 기본소득을 지급하고, 이를 통해 최소한의 인간적인 삶이 가능하도록 지원해 주는 거죠.

　이런 기본소득의 개념이 처음 제기된 건, 토머스 모어의 소설 '유토피아Utopia'에서입니다. 한 사회가 만들어 낸 모든 가치의 합은 구성원들이 함께 만들어 낸 것인 만큼 구성원 전체가 함께 누려야 한다는 관점에서 이상적인 아이디어로 제기됐습니다. 이후 현실 세계에서도 도입이 됐습니다. 미국 알래스카 주가 1982년부터 6개월 이상 알래스카에 거주한 모든 지역주

민들에게 일정 금액의 기본소득을 나눠주기 시작한 겁니다. 알래스카에서 발견된 막대한 석유자원이 기본소득을 지급하는 재원이 됐습니다.

기본소득에 대한 논의는 특히 북구 유럽의 복지국가에서 활발합니다. 핀란드는 2017년 1월부터 2년 동안 일자리가 없어 복지수당을 받는 국민 가운데 2천 명에게 매달 560유로(약 70만 원)의 기본소득을 지급하기 시작했습니다. 핀란드 정부는 이 같은 기본소득 지급이 빈곤 감소와 고용 효과 등에 어떤 영향을 미치게 되는지를 검증한 후, 성과가 확인되면 적용 대상을 대폭 확대한다는 계획을 세워두고 있습니다.

기본소득 제도에 찬성하는 사람들은 기본소득 지급이 복지 혜택을 제대로 받지 못하는 사람들을 구제하고 빈부 격차를 해소하는 데 도움이 될 것으로 분석하고 있습니다. 또 기본소득을 바탕으로 소비가 확대돼 새로운 투자와 성장의 기회가 될 수 있을 것으로 기대합니다.

하지만 기본소득에 반대하는 사람들은 기본소득을 나눠주기 위해 정부의 막대한 예산이 필요한 만큼 과도한 세금 부담을 피하기 어렵다는 점을 지적합니다. 또 일하지 않아도 기본소득이 보장되는 만큼 건전한 근로 의욕을 상실하게 해 사회적 발전을 저해할 수 있다는 점을 부작용으로 걱정합니다.

'21세기 자본'이라는 책을 통해 국내에서도 유명해진 프랑스의 토마 피케티 교수는 기본소득 제도를 도입해, 모든 국민에게 기본소득을 보장해 주는 방안을 지지하고 있습니다. 기본소득을 지급하기 위해 필요한 돈은 정부가 '로봇세'를 도입해 충당해야 한다는 대안도 내놨습니다. 산업 현장에서 로봇이 열심히 일하고자 하는 사람들의 일자리까지 앗아가고 있는 현실이므로 로봇에 따른 생산성 향상만큼 세금을 부담해 이를 국민들에게 나눠줘야 한다는 주장입니다. 실제로 2017년 프랑스 대선에서는 브누아 아몽 대통령 후보가 "로봇세를 도입해 매달 600~750유로(약 75만~94만 원)의 기본소득을 지급하겠다"는 파격적인 공약을 내걸어 화제가 되기도 했습니다.

기본소득 도입을 둘러싼 논의는 현재도 활발히 진행되고 있습니다. 세계 최고 수준의 국민소득을 자랑하는 스위스의 기본소득 도입 투표는 현대 사회에 의미하는 바가 매우 큽니다. 스위스는 2016년 6월, 기본소득 도입 여부를 둘러싼 국민 투표를 실시했습니다. 스위스 성인에게 매월 2,500 스위스 프랑(우리 돈 300만 원)을 지급하는 방안이 투표에 부쳐졌는데, 투표 결과는 불과 23.1%만이 기본소득 도입에 찬성해 부결됐습니다. 이상적인 제도로 비쳐질 수 있지만, 기본소득 제도가 가져올 부작용을 걱정하는 목소리도 그만큼 큰 것으로 나타났습니다.

우리나라에서도 일부 시민단체를 중심으로 한국형 기본소득 제도 도입이 필요하다는 주장이 제기되고 있습니다. 갈수록 커지는 빈부격차와 일자리 부족 등의 문제가 해결되지 않으면서 기본소득 제도 도입의 필요성이 커졌다는 겁니다. 실제로 서울시가 추진하고 있는 서울시 청년 수당 지급 등은 기본소득 개념이 접목된 정책이라고 할 수 있습니다.

4차 산업혁명의 요람
'실리콘밸리(Silicon Valley)'

4차 산업혁명의 핵심은 지능과 정보의 결합입니다. AI와 로봇 기술, 빅데이터, IOT, BT 등에 걸친 정보를 어떻게 결합해 새로운 기술 혁신을 이루고, 이를 실생활에 적용할 수 있는지가 성공의 척도가 되고 있습니다.

4차 산업혁명이라는 말은 스위스 다보스 포럼에서 처음 제시 됐지만, 현실 세계에서 4차 산업혁명을 이끌고 있는 곳을 꼽으라면 단연 실리콘밸리를 들 수 있습니다. 실리콘밸리는 미국 서부 캘리포니아주 샌프란시스코에 있는 첨단 과학기술 연구단지 입니다.

실리콘밸리라는 이름은 반도체 원재료였던 실리콘(Silicon)과 이 지역의 산타클라라 밸리(Valley)를 합쳐 만들어졌습니다. 화학 원자인 규소의 영어 명칭이 Silicon인데, 반도체와 관련된 연구와 제조 부문에선 '실리콘'으로 통칭하고 있습니다. 전 세계 IT 혁명 의 시발점이 반도체 기술의 고도화로 가능했다는 점에서 반도체 는 '현대 산업의 쌀'로 불릴 정도로 광범위하게 쓰이고 있고, 4차 산업혁명을 이끌 동력으로 꼽히고 있습니다. 우리나라 기업인 삼성전자와 SK하이닉스가 전 세계 반도체 시장 점유율 1위와 2위 를 차지하고 있다는 사실은 우리나라가 4차 산업혁명을 선도할 수 있는 좋은 기회가 되고 있습니다.

1970년대부터 조성되기 시작한 실리콘밸리는 스탠퍼드대학과 버클리대학, 산타클라라대학 등이 가까운 거리에 있어 우수한 연구개발 인력을 확보하는 데 좋은 조건을 가졌습니다. 여기에 캘리포니아 주정부가 적극적으로 IT 기업 유치를 위해 세제 혜택 등을 제공하기 시작하면서 자리를 잡았습니다. 이곳에는 아이폰으로 유명한 애플을 비롯해 구글과 페이스북, 테슬라, 우버, 넷플릭스 등 이름만 대면 알 수 있는 혁신 기업들이 둥지를 틀고 있습니다. 2021년 기준, 실리콘밸리 IT 기업에 종사하는 직원들의 평균 연봉이 16만 5000달러, 우리 돈 2억 1120만 원(1달러=1280원)을 기록하고 있다는군요. 좋은 일자리가 많으니, 당연히 우수한 인재들이 이곳에 몰려와 4차 산업혁명을 이끌고 있습니다. 우수한 인력 확보와 캘리포니아 주정부의 세제 혜택으로 혁신 기업이 탄생하고, 이를 바탕으로 다시 좋은 일자리가 생기면서 우수한 인재들이 다시 몰려드는 선순환을 바탕으로 실리콘밸리는 폭발적인 성장을 하고 있습니다.

미국에 실리콘밸리가 있다면 중국에는 중관촌(中關村)이 있습니다. 중관촌은 중국 베이징대와 칭화대가 있는 곳에서 멀지 않은 지역에 위치한 첨단 기술 개발구입니다. 1988년, 중국 정부가 이곳에 전자산업 개발을 목표로 개발구를 지정하면서, 중국 벤처 혁신 기업의 요람으로 자리잡았습니다. 텐센트, 바이두와 같이 중국을 대표하는 IT 서비스 기업은 물론 샤오미, 화웨이 같은 대형 IT 기업들이 이곳에서 창업해 글로벌 기업으로 성장했습니다.

우리나라에는 경기도 '판교 테크노밸리'가 IT 혁신을 이끌고 있는 대표적인 창업단지로 자리 잡았습니다. 2000년을 전후해 우리나라에도 많은 IT, 벤처기업들이 탄생했습니다. 이때는 주로 서울 강남의 테헤란로를 중심으로 벤처기업들이 활동하면서 한때 '테헤란밸리'가 우리나라를 대표하는 창업 허브로 통했지만, 경기도 판교에 테크노밸리가 조성되면서 많은 기업들이 판교로 둥지를 옮겼습니다. 테헤란로 주변의 사무실 임대료가 오르면서 벤처나 창업기업이 감당하기 어려워지면서 대거 판교로 자리를 옮겼고, 현재는 1,300여 개 기업이 판교밸리에서 활약하고 있습니다. 이곳에서 일하는 사람들만 7만 명을 넘고, 입주 기업들의 전체 매출이 100조 원에 육박할 정도로 우리나라를 대표하는 4차 산업혁명 단지로 주목받고 있습니다.

기본소득제 도입에 대한 찬반 논란이 뜨겁습니다. 기본소득에 찬성하는 사람들은 빈부 격차 해소와 일반 국민에 대한 복지 혜택 효과를 강조합니다. 반대로 기본소득 재원 조달과 같은 현실적 문제와 함께, 기본소득이 우리 사회의 건전한 경제 성장을 지탱할 근로 의욕을 떨어뜨릴 수 있다고 걱정하는 사람들도 있습니다. 기본소득 제도에 대해 여러분은 어떤 생각을 하고 계신가요?

12

자본시장의
꽃,
주식회사

아빠가 다니는 회사는 어떤 곳일까? ____

주식회사의 주인은 누구일까? ____

석완이가 요즘 들어 신문을 열심히 읽기 시작했습니다. 선생님이 신문 읽는 습관을 들여야 한다고 말씀하셨다나요.

신문을 읽으면서 석완이의 질문도 부쩍 많아졌습니다. 하긴, 이제 막 신문을 읽기 시작한 석완이가 신문 기사를 모두 이해하기는 어려운 일이죠. 사회나 스포츠 면은 그래도 어느 정도 읽을 수 있겠지만, 특히 경제 면은 석완이가 모르는 이야기뿐이네요. 석완이가 옆에 있던 아빠에게 말을 건넵니다.

"아빠, 경제가 원래 어려운 거예요? 경제 면에 나오는 기사는 유독 이해하기 어려워요. 모르는 용어도 많고, 숫자도 자주 나오고요. 어른들은 어떻게 이 어려운 경제 뉴스를 읽는 거예요?"

"사실, 어른들도 다 이해하지 못하는 경제 뉴스도 많단다. 그래도 신문에서 경제만큼 중요한 소식이 없으니 읽는 것이지. 어렵더라도 차근차근 읽다 보면 조금씩 이해할 수 있을 거야."

석완이가 고개를 갸웃거리더니 신문의 한쪽을 가리키며 묻네요.

"아빠. 글은 없고 회사 이름하고 숫자만 빼곡한 건 뭐예요?"

"아, 주식 시세표를 말하는가 보구나. 그건 어떤 회사의 주가가 얼마에 거래됐고, 얼마나 오르고 내렸는지를 한눈에 보여주는 표란다. 주식 투자자를 위한 정보지. 요즘은 인터넷으로 쉽게 주가를 확인할 수 있지만, 예전에는 신문에 난 시세표로 주가를 확인했단다."

흥미로운 듯 석완이가 아빠를 바라봅니다.

"그럼 이 많은 게 모두 회사 이름이란 말이에요? 이렇게 많은지 몰랐어요. 그런데 주가는 이렇게 매일 변하나요?"

"그렇지. 매일 변하기 때문에 주식 투자자들이 있는 거란다. 좋은 회사의 주식을 싸게 사서 비쌀 때 팔면, 그만큼 수익을 얻을 수 있기 때문이지. 말이 나온 김에, 오늘은 아빠가 주식 투자에 대해서 한번 이야기해줄까?"

자본주의 최고의 발명, 주식회사

여러분의 부모님이 일하는 회사는 어떤 곳일까요? 회사는 회사를 대표하는 대표이사(사장)부터 사원에 이르기까지 여러 직원들로 구성되어 있습니다. 회사는 기업 활동을 통해 이익을 얻는데요. 이 과정에서 직원들은 자신의 노동력을 제공한 대가로 '월급'을 받습니다. 직원들에게 월급을 주고 나라에 세금을 내고 남은 돈은 회사에 적립되거나 회사의 '주주'가 주식을 가진 비율만큼 배당의 형태로 나눠 갖지요. 주식이란 회사의 자본으로 주주가 주식을 사면 회사에 자본이 들어갑니다. 또, 배당이란 주식회사가 수익의 일부를 현금이나 주식으로 바꿔서 투자자나 주주에게 나눠주는 것을 말합니다.

우리가 흔히 말하는 '주식회사'는 회사 주식을 사고팔 수 있는 회사를 의미합니다. 주식회사는 다수의 주주가 '자본금'을 토대로 세운 회사를 말하지요. 한 명이 아니라, 여러 명의 돈을 모아 회사를 세운다는 것이 주식회사의 큰 특징입니다. 이렇게 기업을 세우기 위해 필요한 돈을 '자본금'이라고 하고, 자본금에 돈을 투자하는 걸 '출자'라고 합니다. 주주는 자신이 자본금에 출자한 비율만큼 영향력을 갖습니다.

주식회사의 또 다른 특징 가운데 하나는, 자신이 돈을 낸 (출자) 범위 내에서만 책임을 진다는 점입니다. 예를 들어, 주주들이 투자한 돈이 모두 합해 10억 원인 회사에 1억을 투자했다면, 회사가 망했다 해도 투자금 1억 원까지만 책임을 지는 것이죠. 투자한 돈만큼만 손실을 보는 겁니다. 이것을 어려운 말로 '유한 책임', 즉 책임의 한계가 있다고 말합니다. 유한 책임이 중요한 이유는, 무한 책임을 질 경우 일어날 수 있는 부작용 때문입니다. 어떤 사업에 실패했다고 해서, 모두에게 그 책임을 묻는다면 누구도 선뜻 회사를 세우지 못하겠지요. 그러면 회사를 경영하려는 사람이 줄고, 기업의 투자가 줄면 일자리도 줄어들겠지요? 따라서 경제 주체 모두 어려움에 처하고 맙니다.

따라서 자금을 모아 회사를 쉽게 설립할 수 있고, 또 투자한 만큼만 책임을 진다는 두 가지 장점 때문에 주식회사는 빠르게 확산되었습니다. 세계 경제를 좌우하는 대부분의 기업들이 주식회사 형태를 취하고, 주식회사가 생겨나면서 경제가 비약적으로 발전한 것도 이러한 장점 때문입니다. 경제학자들은

이런 이유로 주식회사를 '자본주의 최고의 발명품'이라고 평가하고 있지요.

최초의 주식회사

그렇다면 최초의 주식회사는 어디일까요? 많은 경제학자들은 최초의 주식회사로 17세기에 설립된 영국의 동인도회사를 꼽습니다.

당시 영국은 세계 최강의 국력을 자랑하며 세계 곳곳에 식민지를 건설하고 있었습니다. 대표적인 영국의 식민지로 인도가 있었는데요. 영국은 인도의 풍부한 자원을 바탕으로 한 무역회사인 동인도회사의 설립을 승인하였습니다. 이때 설립된 동인도회사가 최초의 주식회사로 알려져 있지요.

동인도회사는 영국 정부로부터 인도와 무역할 수 있는 독점적인 권리를 인정받았습니다. 하지만 인도에서 물건을 사서 영국에 내다 팔기까지 많은 위험이 있었죠. 풍랑을 만나 배가 뒤집히기도 하고, 해적을 만나 물건을 약탈당하기도 했습니다. 언제든 투자한 돈을 잃을 수 있는 위험 때문에 한 사람이 회사에 모든 돈을 들이기는 쉽지 않았습니다. 때문에 여러 사람이 돈을 모아 회사를 세운 것이죠. 이것이 동인도회사가 주식회사가 된 이유입니다. 만일 손해가 나도 여러 사람이 나눠서 그것을 부담하면 되니 아주 좋은 방법이었던 셈입니다.

주주의 권리

주식회사의 주인은 주식을 갖고 있는 '주주'입니다. 앞서 말했듯이 주주는 회사를 세울 때 자본금을 댄 사람들입니다. 그렇다면 주주는 회사에서 어떤 권리를 갖게 될까요?

먼저 주주는 회사 경영에 참여할 수 있습니다. 이것을 발언권, 즉 회사에 내 입장을 발언할 수 있는 권리라고 부릅니다. 발언권은 다른 것과 마찬가지로 자신이 갖고 있는 주식만큼 행사할 수 있습니다. 예를 들어, 자본금 10억 원인 회사에 1억 원을 출자한 사람은 10%의 발언권을 갖습니다. 이처럼 각자 돈을 댄 비율만큼 회사의 의사결정에 참여할 수 있습니다.

주주들은 회사의 결정이 마음에 들지 않으면 의견을 모아 바꿀 수도 있고, 어떤 사업을 시작할지 그만둘지도 정할 수 있습니다. 다만, 주주들 사이에 의견이 맞지 않으면 각자 가진 주식만큼 권리를 행사하고 가장 많은 주주의 지지를 얻은 의견이 선택되지요.

또 다른 중요한 권리로 '배당'이 있습니다. 배당은 앞서 말했듯이 기업의 이익을 나눠 갖는 것을 말하지요. 주식회사가 경제활동을 통해 이익을 얻으면, 1년을 단위로 이익금을 계산합니다. 그리고 이익금의 일부를 회사에 남겨둘지, 주주에게 나눠줄지 결정하지요. 나눠주기, 즉 배당을 결정했다면 주주는 자신의 주식만큼 배당금을 받습니다. 주주의 입장에서는 회사가 이익을 많이 내야 배당금을 많이 얻기 때문에 기업이 성장하도록 조언을 아끼지 않지요.

주식 투자는 어떻게 하는 걸까요?

주식회사는 설립 초기에는 소수의 주주로 구성되지만, 회사가 점점 커지면서 더 많은 자금을 필요로 합니다. 즉, 더 많은 주주가 필요한 것이지요. 이때 주식회사는 쉽게 투자금을 모으기 위해 '상장'을 결정합니다. 상장이란 해당 주식이 주식시장에 쉽게 거래될 수 있도록 주식을 시장에 공개하는 것을 말합니다. 주식이 상장되면 개인 투자자도 쉽게 주식을 사고팔 수 있지요.

우리나라에서는 한국거래소라는 공공기관이 상장 기업의

주식을 자유롭게 거래할 수 있도록 '주식시장'의 역할을 합니다. 우리나라의 주식시장은 크게 설립된 지 오래된 기업이나 대형 제조업체가 있는 '거래소 시장', IT나 벤처기업 같은 신생 기업이 많은 '코스닥 시장'으로 나뉩니다. 여기에 공식적으로 상장하지는 않았지만, 거래 당사자 간의 직접 거래로 주식을 사고팔 수 있는 장외 주식시장 'K-OTC'도 있지요.

여러 증권사들은 개인이 주식시장에 상장된 주식을 사고팔 수 있도록 돕습니다. 주식을 사고팔기 위해서는 증권사에 '증권 계좌'를 만들어야 합니다. 증권 계좌는 은행 예금 계좌와 비슷한 형태로, 증권 계좌를 통해서만 주식을 사고팔 수 있습니다. 쉽게 생각하면 거래소라는 '시장'에 증권사라는 '입구'로 입장하여, 기업의 주식이라는 '물건'을 증권 계좌라는 '장바구니'에 담는 것입니다. 시장에서 물건을 사듯, 주식시장에서는 상장 기업의 주식을 사는 방식입니다.

일단 기업의 주식이 시장에 상장되면, 주가는 매초마다 움직입니다. 주가 또한 시장에서 물건을 사는 것처럼 그 가격이 정해지는데요. 주식을 사려는 사람(수요)이 많으면 주가는 오르고, 반대로 팔려는 사람(공급)이 많으면 주가는 내려갑니다.

그렇다면 왜 어떤 주식은 사려는 사람이 많고, 어떤 주식은 팔려는 사람이 많을까요? 여기에는 크게 두 가지 이유가 있습니다. 첫 번째로 배당이 있습니다. 돈을 많이 벌고 싶은 주식 투자자들이 배당금을 많이 줄 만한 회사의 주식을 사기 때문이지요. 수익이 많은 기업의 주식을 사려고 사람들이 몰리면서 주가가 오르는 것입니다. 실제로 주식시장에서 배당을 많이 하는 기업의 주식을 '고배당주'라고 부르면서 따로 분류하는데, 고배당주는 다른 주식보다 높은 가격에 거래되고 있습니다.

두 번째 이유로는 싸게 사서 비싸게 팔 수 있다는 기대감 때문입니다. 비록 지금은 별 볼 일 없는 회사라고 하더라도 성장 가능성이 보인다면, 훗날 지금보다 훨씬 높은 가격에 주식이 거래되겠죠? 주식 투자자들은 이렇게 성장 가능성이 높은 회사의 주식을 싸게 사놓으려고 합니다. 나중에 회사가 커지면 비싸게 팔 수 있으니까요.

어떤 주식이 싼 주식인가요?

앞서 어떤 주식은 많은 사람들이 사려고 하기 때문에 주가가 오르고, 어떤 주식은 그렇지 않아서 주가가 내린다고 간단히 설명했습니다. 주식시장 역시 기본적인 수요와 공급의 균형점에서 주가가 형성된다는 건 당연한 일입니다.

여기서는 한 단계만 더 들어가서 주식시장에서 자주 사용되고, 또 알아두면 좋은 몇 가지 주식용어에 대해 알아볼까 합니다. 복잡할 것 같지만, 전혀 복잡하지 않은 주식시장의 용어를 이해할 수 있다면 시장에 대해 많은 통찰력을 가질 수 있습니다.

우선 '주가수익비율PER : Price Earning Ratio'에 대해 알아보죠. 여러분이 익히 알고 있을 삼성전자로 예를 들어 설명하겠습니다.

삼성전자의 시가총액, 그러니까 삼성전자가 발행한 모든 주식을 사는 데 필요한 돈은 2023년 7월 현재 약 420조 원입니다. 한 주당 7만 원 선에서 거래가 되고 있는데, 대략 60억 주가 상장돼 있습니다. 우리나라를 대표하는 삼성전자의 주가는 지난 3~4년 간 등락을 거듭했는데, 전 세계 반도체 경기가 좋을 때는 주가가 오르고 시가총액도 커졌지만, 반대로 경기 침체에 대한 우려로 반도체 경기가 나빠질 것으로 예상될 때는 주가가 큰 폭으로 떨어졌습니다.

삼성전자 시가총액 : 7만 원 × 60억 주 = 420조 원

삼성전자는 2022년 한 해에 영업을 통해 43조 3000억 원을 벌었습니다. 삼성전자의 주력 사업이라고 할 수 있는 반도체 시장이 하반기에 위축되면서 2021년 51조 6300억 원보다 16%

정도 이익이 줄긴 했지만, 여전히 큰 액수입니다. 만약 삼성전자가 2022년 수준의 이익을 계속 낸다는 가정 하에 10년 정도만 영업을 하면, 회사가 벌어들인 돈으로 그 회사 주식을 다 살 수 있다는 계산이 나오죠.

420조 원(시가총액) / 43조 3000억 원(2022년 영업이익) = 약 9.7

주가수익비율의 원리는 위와 같은 방식으로 계산합니다. 현재의 주가(시가총액과 같은 개념이라고 봐도 무방합니다)를 해당 연도의 주당 순이익(영업이익을 주식 수로 나눠 계산하죠)으로 나누면 '주가를 수익과 비교한 비율', 즉 '주가수익비율'인 PER이 나옵니다.

그렇다면 PER은 낮은 주식이 싼 걸가요? 높은 주식이 싼 걸까요? 공식을 천천히 복기해 보면 답을 알 수 있습니다. PER이 낮다는 건, 그만큼 짧은 기간에 해당 주식을 다 살 수 있을 만큼 이익 대비 주가가 낮다고 할 수 있습니다. 5년 만에 해당 주식을 다 살 수 있을 만큼 돈을 버는 기업과 20년을 벌어야 해당 주식을 다 살 수 있는 기업이 있다면, 당연히 5년만 벌어도 되는 기업이 싸다고 할 수 있겠죠. PER이 낮다면, 그만큼 주식이 싸게 거래되고 있다는 뜻입니다. 주식투자자들이 '저PER' 주를 우선적으로 매수하려고 하는 이유입니다.

주가순자산비율Price Book Ratio도 중요한 지표로 꼽힙니다. 주가수익비율을 이해했다면, 주가순자산비율도 쉽게 이해할 수 있습니다. 거의 같은 방식으로 계산이 되기 때문이죠. 기왕 삼성전자의 예를 들었으니, 이번에도 삼성전자의 주가순자산 비율을 알아보기로 하겠습니다.

삼성전자의 시가총액은 420조 원입니다. 이때 삼성전자가 현재 가진 모든 재산, 예를 들어 삼성전자 강남 사옥과 공장 부지, 반도체 생산 장비는 물론 삼성전자가 보유한 A/S센터 차량까지 모든 금액은 얼마일까요? 이를 체계적으로 관리하기 위해 기업은 '재무제표'라는 걸 작성하는데, 이 재무제표에는 삼성전자가 현재 보유하고 있는 자산이 연간 단위로 계산돼 있습니다. 삼성전자는 2022년 기준, 회사가 보유하고 있는 전체 재산을 295조 원으로 파악하고 있습니다. 이때, 삼성전자의 시가총액 420조 원을 현재 회사가 보유하고 있는 전체 재산 295조 원으로 나눠 보겠습니다.

420조 원(시가총액) / 295조 원(삼성전자 자산) = 1.4

이렇게 주가(시가총액)를 회사가 보유한 자산(순자산)으로 나눠보면, 현재 기업의 가격과 현재 기업이 가진 자산의 차이를 알 수 있습니다. PBR이라는 이름이 붙은 건, 순자산이

장부에 표시되는 가격이라는 점에서 'Book value'로 불리기 때문입니다. 그러니까 PBR은 현재 주가가 현재 회사가 가진 자산에 비해 얼마나 더 높은 비율로 거래되는지를 보여줍니다.

PER과 마찬가지로, PBR 역시 낮을수록 주식이 싸게 거래되고 있음을 보여줍니다. PBR이 1이라면, 그 회사의 재산을 지금 현재 기준으로 다 팔면 그 회사 주주들에게 현재의 주가만큼 돌려줄 수 있다는 계산이 나옵니다. PBR이 2배라면, 현재 회사가 가진 재산을 다 정리(이런 경우를 기업들은 '청산한다'고 합니다)해도 절반밖에는 돈을 돌려주지 못합니다. 반대로 PBR이 0.5배라면 기업이 지금 당장 청산한다고 하더라도, 현재 주가의 2배까지 나눠가질 돈을 가지고 있다는 계산이 됩니다.

조금 복잡했나요? 그렇다면 이것만 기억하세요. 기업이 거래되는 가격(주가)을 현재 기업이 돈을 버는 정도와 돈을 가지고 있는 정도와 비교해 보세요. 돈을 많이 버는데 주가가 낮은 기업, 현재 가진 돈은 많은데 주가는 낮은 곳이 투자하기 좋은 기업입니다.

이때, 한 기업의 수치만 볼 게 아니라 비슷한 영업활동을 하는 다른 경쟁사들과 비교해보면 훨씬 더 쉽게 알 수 있습니다. 예를 들어 삼성전자의 PER이 5배, 인텔의 PER이 10

배라면 삼성전자 주식이 인텔에 비해 훨씬 싸게 거래되고 있
다는 사실을 알 수 있습니다. 삼성전자의 PBR이 2.2배, 인
텔의 PBR이 2.5배라면 역시 삼성전자 주식은 인텔보다 싸다
고 하겠습니다.

선거와 주주총회

민주주의의 꽃은 바로 '선거'이지요? 국민이 직접 투표하여 국가의 미래를 결정하는 것이 바로 '선거'의 핵심입니다. 그런데 주식회사에도 투표가 있다는 사실을 알고 있나요?

주식회사에서는 주주총회를 통해 의사결정을 합니다. 기업을 국가에 비유한다면, 주주총회는 선거와 같은 셈이지요. 주주총회를 통해 회사를 대표할 '대표이사'를 뽑고, 여러 가지 기업 문제를 결정합니다. 민주주의에서 선거를 통해 다수의 표를 받은 후보자가 당선되듯, 주주총회에서도 다수결의 원칙에 따라 가장 많은 주주의 지지를 받은 사람이 대표가 됩니다. 이렇듯 선거와 주주총회는 비슷한 점이 많지요.

하지만 선거와 주주총회에는 큰 차이점이 있습니다. 민주주의 선거는 보통 1인 1표를 원칙으로 하지요? 하지만 주주총회는 한 명이 꼭 한 표만 내라는 법이 없습니다.

주주총회에서는 1인 1표가 아닌, 1주 1표가 원칙입니다. 즉, 한 표를 던지더라도 주식을 많이 갖고 있는 사람의 표는 더 큰 힘을 발휘하지요. 이 점에서 주주총회는 선거와 성격이 많이 다릅니다. 만약 많은 돈을 냈어도 똑같이 1표를 행사한다면 누구도 많은 돈을 투자하려 하지 않겠지요? 또한 주주 사이에 의

견이 다를 때마다 의사소통하는 데 어려움을 겪을 수밖에 없습니다. 때문에 51%의 주식을 가진 A라는 한 사람과 49%의 주식을 가진 99명의 사람이 서로 반대되는 의견을 낸다면, 최종 결정은 A의 의견으로 이루어집니다. 물론, 선거에서는 다수인 99명의 선택을 들어줘야겠지요?

주식과 채권

주식과 채권은 기업이 사업에 필요한 자금을 얻고자 할 때, 돈을 끌어들이는 가장 일반적인 방법입니다. 하지만 주식과 채권은 차이점이 꽤 큰 편입니다. 차이점을 설명하기에 앞서 채권이란 국가, 은행, 회사 등에서 사업에 필요한 자금을 빌리기 위해 발행하는 유가증권을 말합니다. 유가증권이란 재산권을 표시한 증서라는 뜻으로, 우리 주변에서 흔히 볼 수 있는 것으로 수표가 있지요.

주식은 투자자인 주주가 회사에 수익이 나면 그 일부를 배당금으로 받지요. 그런데 만일 사업이 실패한다면 어떻게 될까요? 투자한 돈을 모두 잃고 말 겁니다. 즉, 주식은 돈을 크게 벌 가능성도 높지만 그렇지 못할 가능성도 커서 '고수익 고위험' 투자 상품으로 꼽힙니다.

반면 채권은 투자가 아니라 돈을 빌려준다는 의미입니다. 주식과 달리 채권에서는 돈을 빌려준 사람은 그 돈에 대한 이자를 받을 수 있을 뿐, 회사에 어떠한 권리를 행사할 수 없지요. 때문에 채권자는 그저 돈을 빌려간 기업이 정해진 기간 안에 돈을 갚을 수 있을지만 따지게 됩니다. 따라서 채권은 기업 입장에서 보면 일종의 빚인 셈이죠. 즉, 회사가 완전히 망하지만 않는다면 빌려준 돈의 이자를 받을 수 있어 '저위험 저수익' 투자 상품으로 평가받고 있습니다. 주식처럼 회사에 들인 돈을 잃을 가능성이 굉장히 적은 것이죠.

석완이 부모님은 요즘 기분이 아주 좋습니다.

아빠가 주식 투자한 기업의 주가가 많이 올랐다는군요. 1만2000원을 주고 산 주식이 2만 원까지 올랐으니, 기분이 안 좋을 수 없겠지요? 그런데 석완이는 갑자기 궁금한 게 생겼습니다. 주식시장에서 어떤 기업의 주가는 올라가는데, 다른 기업의 주가는 내려가는 걸까요? 또, 어떻게 하면 주가가 오르는 기업의 주식을 살 수 있을까요?

13

돈, 돈, 돈!
"머니Money가 뭐니?"

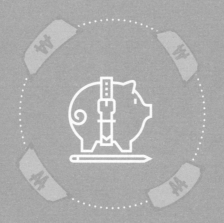

환율이 매일 바뀌는 이유는 무엇일까? ——

물가는 왜 오를까? ——

"석완아, 서윤아. 다 왔다! 이제 일어나. 하여간 차만 타면 잠은 참 잘 자요. 하하하."

"아! 벌써 다 온 거예요? 아이고!"

석완이 가족을 태운 리무진 버스가 미끄러지듯 인천공항 정류장에 도착했습니다. 석완, 서윤이의 겨울 방학과 아버지의 휴가를 맞아 가족은 모처럼 해외여행에 나섰습니다. 석완이는 벌써 네 번째, 서윤이도 벌써 세 번째 해외 여행입니다.

"야, 정말 너희들은 운 좋은 줄 알아. 아빠는 대학생이던 22살 때가 되어서야 처음으로 비행기란 걸 타봤어. 그런데 너희는 벌써 몇 번째냐? 해외 여행이?"

아나나 다를까. 이번에도 아빠의 '해외 여행 레퍼토리'가 이어집니다. 아버지가 태어나고 성장한 1970년대~1990년대까지 해외 여행은 지금처럼 쉬운 일이 아니었죠. 우리나라의 국민 소득이 지금처럼 높지 않았고, 해외 여행을 하는 데 필요한 달러(외화)도 귀했던 시기라, 정부에서 공적인 업무나 해외 사업 차원이 아니면 해외 방문을 허락하지 않았었거든요. 가족 단위의 해외 여행도 사실 2000년대에 들어서야 보편화됐습니다.

"당신, 그나저나 태국 돈은 좀 바꿔왔어요?"

모처럼 만의 해외 여행에 엄마의 목소리도 한껏 들떠 있습니다.

"아차, 태국 돈은 안 바꿔왔는데. 대신 미국 달러는 좀 넉넉히 준비해 왔지!"

"아이고, 제가 몇 번이나 은행 가서 현지 통화로 좀 바꿔오라고 했잖아요. 달러는 태국에 가면 또 거기서 환전해야 하고, 그럼 수수료를 두 번이나 내게 되는 셈이라고요."

"뭐, 그거야 나도 알지만 많지도 않은 금액일 것 같아서 그냥 보관하고 있던 달러만 조금 가져온 건데. 그러면 여기 공항에 있는 은행 지점에 가서 좀 바꿔가지 뭐."

엄마, 아빠의 대화에 이번에는 서윤이가 끼어듭니다.

"아빠, 엄마가 무슨 말씀을 하시는 거예요? 우리 여행할 돈 있잖아요. 아빠가 가진 신용카드도 있고, 그걸로 여행하면 되는 거 아닌가요?"

"아, 그렇지. 서윤이 말도 맞아. 그런데 해외 여행을 할 땐

여행하려고 하는 나라의 돈, 그러니까 현지 통화라는 게 좀 필요하단다. 호텔 서비스 팁 같은 걸 다 신용카드로 결제하기는 쉽지 않으니까 말야. 길거리에서 현지 기념품이라도 하나 사려면 현금이 필요하잖아."

"그러니까 우리가 여행을 가는 태국에서 태국 사람들이 사용하는 돈을 좀 준비해 가야 한다는 거죠?"

"그렇지. 태국에선 태국 사람들이 쓰는 돈이 따로 있단다. 중국에서 중국 사람들이 사용했던 위안화 기억하지? 말이 나온 김에, 이번에는 세계 여러 나라의 돈에 대한 얘기를 해줄까?"

"좋아요. 아빠. 그 전에 배가 좀 고픈데, 맥도날드 가서 감자튀김 좀 먹으면 안 될까요? 헤헤헤."

감자튀김으로 허기를 달래고, 탑승 수속까지 마치고 나니 곧 탑승 시간이 되었습니다. 탑승 게이트를 통해 비행기로 향하는 서윤이의 입에서 콧노래가 흘러나오네요.

"파란 하늘 위로 훨훨 날아가겠죠~ 어려서 꿈꿔왔던 비행기 타고. 기다리는 동안 아무 말도 못해요. 내 생각 말할 순 없어요."

돈이 뭐길래?

세계 각국은 대부분 그 나라 고유의 화폐(통화)를 사용합니다. 미국에서는 달러를, 중국에선 위안화를 사용하고 일본은 엔화, 영국은 파운드화를 공식 통화로 이용하고 있죠. 경제 연합체를 구성한 독일과 프랑스, 네덜란드와 같은 20여 개 나라는 '유로'라는 단일 화폐를 사용하고 있습니다.

화폐의 핵심 기능은 지불 수단으로서의 편리성과 가치 저장 수단으로서의 유용성에 있습니다. 한 나라의 화폐는 그 나라의 법으로 가치를 보장받는데, '법정 화폐'를 줄여 '법화法貨'라는 이름으로 불리기도 합니다. 국가가 법으로 해당 화폐에 대해 강제 통용력을 부여했기 때문에 그 나라 사람들이 가치를 인정받고 사용할 수 있습니다.

종잇조각에 불과한 '지폐'가 가치를 갖게 되는 건, 법에서 정한 중앙은행의 발권력 때문입니다. 이런 이유로 현재의 화폐제도는 '현대의 연금술'로 불리는가 하면, 중앙은행은 황금을 만들어내는 '신전'으로 비유되곤 합니다. 종잇조각이 돈이 되는 순간, 이를 돈으로 변환시키는 중앙은행은 엄청난 이익을 가지게 됩니다. 생각해 보세요. 5만 원권 한 장을 찍어내는 데는 100원도 되지 않는 비용이 들지만, 세상 사람들은 5만 원의 가치를 인정하게 되니 무려 4만 9900원의 이익이 발생하게 되겠죠. 우리나라 돈 뿐 아니라 각 나라의 화폐를 발행하는 중앙은행은 이런 독점적인 이익을 만들어내는 권리, 이른바 '시뇨리지seigniorage(주조 차익)'를 보장받고 있습니다. 시뇨리지라는 말은 중세 유럽의 봉건 영주 '시뇨르'에서 나온 말로, 해당 지역을 지배했던 영주들이 그 지역의 화폐를 만들어 유통시킬 수 있었던 데서 비롯됐습니다.

우리나라에서 사용하는 '원화'는 중앙은행인 한국은행법 제48조 '한국은행권의 통용'이 근거가 됩니다. 조항은 "한국은행이 발행한 한국은행권은 법화로서, 모든 거래에 무제한 통용된다"라고 규정하고 있습니다. 우리가 사용하는 모든 지폐에 '한국은행 총재' 낙관이 찍혀 있는 것도 이 때문입니다.

이와 같은 원리로 미국 달러화는 미국의 중앙은행 격인 '연방준비위원회'가, 중국은 '인민은행'에서 위안화를 법화로 지정하고 있습니다. 이를 근거로 각 나라의 중앙은행은 그 나라의 화폐를 주조해서 유통하고, 시중에 얼마나 많은 돈을 풀어서 경제활동을 촉진하거나 물가 상승을 제어하는 통화 정책을 펼치게 됩니다.

돈은 정부와 기업, 가정과 같은 경제 주체들의 경제활동을 촉진하는 역할을 합니다. 흔히 돈을 우리 몸의 혈액에 많이 비교하곤 하는데, 혈액이 우리 몸 전체에 에너지를 전달하는 역할을 하는 것처럼 돈은 우리 사회 곳곳을 돌고 돌면서 경제를 활성화하는 역할을 맡고 있습니다. 우리나라 사람들이 화폐를 '돌고 또 도는 것'이란 의미에서 '돈'으로 부르기 시작했다는 해설도 있습니다.

물가 상승 '인플레이션'

중앙은행은 돈을 찍어낼 수 있는 권리, 조금 어려운 말로 표현하면 '발권력'이라는 독점적인 권한을 가지고 있습니다. 경제 규모가 커지면서 중앙은행은 사회가 더 많이 필요로 하는 돈을 인쇄해 정부와 기업, 개인에게 공급을 하게 되는데, 우리나라의 경우 중앙은행인 한국은행을 제외하고는 이렇게 돈을 찍어낼 수 있는 곳이 없습니다. 한국은행이 찍어내지 않은 돈은 말 그대로 가짜 돈, 위조지폐입니다. 위조지폐를 만들어 유통시키는 행위는 범죄로 간주되어 형사 처벌을 받게 됩니다.

우리 몸의 혈액이 많아도, 또 적어도 건강에 이상을 줄 수 있는 것처럼 우리 사회에 돈이 너무 많이 풀리거나, 또 적게 풀려도 문제가 생길 수 있습니다. 돈이 많아지면 좋을 일이지, 왜 문제가 될 수 있냐고요?

돈에도 경제의 기본 원리인 수요와 공급의 원칙이 적용되기 때문입니다. 정부가 돈을 마구잡이로 찍어 우리 사회가 필요로 하는 것보다 훨씬 더 많은 돈을 뿌려댄다고 생각해 볼까요? 돈의 공급이 많아졌으니, 저절로 돈의 가치는 떨어집니다. 예전에 1만 원이면 치킨 한 마리를 사 먹을 수 있었는데, 이제 돈이 너무 많아져 1만 원으로는 치킨 한 마리를 살 수 없게 되는 거죠.

돈의 가치가 떨어지니, 이제 사람들은 같은 제품이나 서비스라고 해도 더 많은 돈을 요구하게 됩니다. 1만 원 하던 참고서 가격이 1만 5000원이 되고, 2만 원 하던 피자 가격은 3만 원이 됩니다. 많이 풀려서 떨어진 돈의 가치를 적용해 사람들이 가격을 매기고 거래하게 되면 물가가 오릅니다.

결국 돈이 많아져서 좋아진 것 같아 보이지만, 우리 생활에는 변화가 없습니다. 오히려 돈이 풀린 것 이상으로 물가가 큰 폭으로 오르면서 경제 성장을 저해하는 부작용이 발생하게 됩니다. 이런 상황을 '인플레이션inflation'이라고 하는데, 돈이 너무 많아져서 돈이 제대로 된 가치를 발휘하지 못합니다.

과도한 물가 상승은 정부와 기업, 개인 등 모든 경제 주체들에게 큰 부담이 됩니다. 극단적인 예를 들어 볼까요? 제1차 세계대전에서 연합국에 패한 독일은 전후 배상금을 갚겠다는 이유로 막대한 돈을 찍어댔습니다. 자연스레 돈의 가치는 폭락했죠. 저녁을 먹으러 식당에 들어갈 때는 1500마르크였던 스테이크 가격이 저녁을 먹고 계산할 때는 2000마르크가 되는 일도 있었습니다. 왜 저녁 가격이 올랐냐는 손님의 항의에 식당 주인은 "손님이 식사를 하는 동안 그만큼 물가가 올랐다는 걸 손님도 아시지 않느냐?"며 퉁명스레 답했다는군요.

아프리카 짐바브웨에서도 비슷한 일이 최근까지 벌어졌습니다. 짐바브웨는 '짐바브웨 달러'를 공식 통화로 사용하고 있는데, 1억 짐바브웨 달러는 우리 돈 600원 정도의 가치(2008년 당시)밖에는 가지고 있지 않았습니다. 이 1억 짐바브웨 달러로는 겨우 우유 한 잔 정도만 사 먹을 수 있었습니다. 물가 상승을 잡지 못한 짐바브웨 정부가 돈의 액면 가치를 지나치게 높게 책정해 무려 1조 짐바브웨 달러까지 발행했을 정도여서, 외국인 관광객은 짐바브웨의 돈을 기념품으로 가져와 친구들에게 선물해 주는 게 유행인 적도 있었답니다.

인플레이션과 통화정책

코로나 팬데믹 이후 세계 주요 나라는 경기 침체를 막기 위해 막대한 돈을 찍어 내 경기 활성화를 촉진했습니다. 이렇게 시중에 많이 풀린 돈은 시간이 지나면서 자연스레 물건과 서비스 가격이 오르는 효과를 낳았고, 전 세계적인 인플레이션이 시작됐습니다.

미국은 2022년 한 해에만 8%대 물가 상승률을 기록하면서 40년 만에 최고치를 기록했고, 우리나라도 5.1%의 물가 상승률을 기록하면서 1997년 외환위기 이후 24년 만에 가장 물가 상승률이 높았습니다. 물가 상승은 곧 국가 경제 운영에 위기가 되는 만큼, 높은 물가 상승률에 놀란 각국 정부는 '물가 잡기'를 경제 정책 1순위로 두고 긴축에 들어갔습니다.

물가를 잡는 가장 효과적인 방법은 기준금리를 올리는 일입니다. 금리를 올리면, 그러니까 돈의 가치를 올려놓으면 통화량은 감소하게 되고, 돈의 가치가 올라가는 만큼 물건이나 서비스의 가격은 내려오기 때문이죠. 이에 따라, 미국 중앙은행 격인 연방준비제도는 2022년 한 해에만 4%p나 기준금리를 올려 4.25~4.5% 수준까지 인상했고, 한국은행도 기준금리를 2%p 인상해 물가 잡기에 나섰습니다.

사실, 세계 경제는 1980년대 초 국제 유가 급등으로 경험했던 초인플레이션을 끝으로 40년 가까이 물가 상승 없는 평온한 시기를 보냈습니다. 2000년대 초반 닷컴 버블 붕괴와 2008년 글로벌 금융위기 등의 부침을 겪기는 했지만, 위기 때마다 적절한 정부 개입과 기준금리 변경을 통해 위기에 대처해 왔습니다.

이 과정에서 석유 채굴 기술의 발달로 국제 유가가 안정적으로 유지되고 중국이 세계 경제에 편입되면서 값싼 물건들을 주요 선진국에 수출한 것도 물가 상승을 막는 데 큰 힘이 됐습니다. 하지만 러시아의 우크라이나 침공으로 국제 유가가 상승하고, 중국이 중진국 대열에 합류하면서 더 이상 과거처럼 저물가를 기대하기는 어려운 상황입니다. 코로나로 중국 경제가 제대로 작동하지 않은 것도 전 세계 물가 상승에는 악재가 됐습니다.

문제는 기준금리가 급격하게 오르면서, 다른 여러 경제적인 부작용이 현실화되고 있다는 점입니다. 금리가 낮을 때, 은행에서 대출을 일으켜 부동산에 투자하거나 투자를 늘렸던 기업들이 금리가 오르면서 대출 이자 부담에 시달리고 있습니다. 특히, 부동산 가격 급등 시기에 대출을 일으켜 아파트를 샀던, 이른바 '영끌족(영혼까지 대출을 끌어 사용한 사람들)'의 부담이 커졌고, 금리 상승에 따른 부담으로 부동산 시장도 급격하게 얼어붙고 있습니다. 당장 물가 급등을 막기 위해 기준금리를 올리고 있지만, 기준금리의 과도한 인상은 실물 경제를 빠르게 위축시킬 수 있다는 점에서 금리 정책을 운용해야 하는 각국 중앙은행의 고민도 깊어지고 있습니다.

환율에 울고 웃는 우리 경제

앞서 '환율과 경제'를 통해 설명했지만, 서로 다른 돈을 사용하는 두 나라는 '환율'을 적용해 서로의 돈을 교환할 수 있습니다. 우리 돈 1050원을 줘야 미국 돈 1달러를 가질 수 있을 때, 환율은 '1$ = 1050₩'이 됩니다.

재화나 서비스 가격이 결정되는 데는 시장의 공급과 수요가 기본이 되는 것처럼, 환율 역시 기본적으로 두 나라 화폐의 수요와 공급에 의해 결정됩니다. 우리나라의 경우, 수출과 수입이 대부분 미국 달러화로 결정되기 때문에, 수출이 수입보다 많아지면 국내에 달러 공급이 많아져 달러화 가격은 떨어집니다. 1100원을 줘야 1달러를 살 수 있었지만, 달러 공급이 많아진 만큼 1000원만 줘도 1달러를 살 수 있게 되는 거죠(1100원 = 1달러 ⇒ 1000원 = 1달러). 이렇게 달러화 가치가 떨어진 반면, 우리 돈의 가치는 높아지면 '우리 돈의 가치가 높아졌다'는 뜻을 담아 '원화의 평가절상Appreciation : 平價切上'이라고 표현합니다. 반대로 미국 달러화 관점에서는 달러화의 가치가 떨어졌기 때문에 '달러의 평가절하Depreciation : 平價切下'라고 합니다.

한국 돈의 평가절상 : 1100원 = 1달러 ⇒ 1000원 = 1달러

한국 돈의 평가절하 : 1000원 = 1달러 ⇒ 1100원 = 1달러

환율은 외환시장에서의 수요와 공급 변화를 반영해 시시각
각 변합니다. 이렇게 변동하는 환율은 국가 경제 곳곳에 많은
영향을 주게 되는데, 우리나라처럼 전체 경제에서 수출이 차지
하는 비중이 큰 나라의 경우 미치는 정도가 더 큽니다.

원달러 환율이 1200원일 때 휴대폰 100만 달러어치 수출
계약을 했는데, 정작 수출 대금을 받았을 때는 원달러 환율이
1000원인 경우를 생각해 보죠. 환율이 1200원이었을 때, 미국
돈 100만 달러는 우리 돈 12억 원입니다. 하지만, 환율이 200
원 떨어져 1000원이 되면 100만 달러는 우리 돈 10억 원 밖에
는 되지 않습니다. 수출상 입장에서는 환율이 변했기 때문에
무려 2억 원 만큼의 손해를 보게 됩니다.

이렇게 손해를 보게 될 경우, 수출상은 환율이 떨어진 만큼
수입상에게 더 많은 돈을 요구할 겁니다. 우리 돈 12억 원을 받
으려고 할 때, 환율이 1200원일 때는 100만 달러를 받으면 됐
지만, 환율이 1000원으로 떨어졌을 때는 오른 120만 달러를
받아야하기 때문이죠. 우리나라 제품의 수출 가격이 20%나 올
라가게 되는 겁니다.

세계 휴대폰 시장은 우리나라 한 곳만 수출을 하는 곳이 아
닙니다. 우리나라 휴대폰 수출 가격이 올랐다면, 분명 수입하

는 나라에선 가격을 올리지 않은 다른 나라의 휴대폰 제조업체를 찾아 나설 겁니다. 환율이 하락하면(우리나라 돈의 가치가 올라가는 평가절상이 발생하면) 이렇게 수출시장에서 우리나라 제품의 가격 경쟁력이 떨어지고, 수출은 줄어들 수밖에 없습니다.

IMF 외환위기와 원달러 환율

물론 반대의 경우, 그러니까 환율이 상승하는 경우(우리나라 돈의 가치가 내려가는 평가절하)도 물론 있습니다. 1997년 말의 IMF 외환위기 시기를 되짚어 볼까요. 당시 우리나라는 외국에서 빌려온 달러화를 충분히 갚을 수 있을 만큼의 외환보유액을 갖고 있지 못했습니다. 한마디로 외국에서 갚으라고 요구하는 돈을 갚을 정도의 달러화가 없어 '국가 부도' 사태로까지 몰린 거죠. 이 때문에 우리나라는 IMF라는 국제기구로부터 달러화를 빌려올 수밖에 없었습니다.

달러화가 절대적으로 부족하다 보니, 원달러 환율은 천정부지로 치솟았습니다. 한국 돈을 아무리 많이 준다고 해도 달러로 바꾸기 어려운 상황이었으니까요. 1997년 중반만 해도 원달러 환율은 800원대에 불과했지만, IMF 외환위기를 겪으면

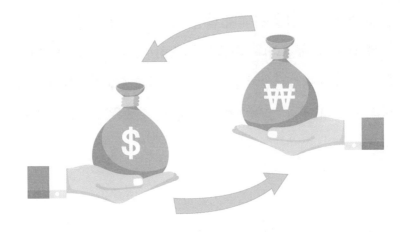

서 1998년 초 원달러 환율은 2000원을 넘었습니다.

환율이 급등하면서, 자연스레 1998년~2000년까지 우리나라 제품의 수출이 급증했습니다. 세계 시장에서 우리나라 제품의 가격 경쟁력이 높아졌고, 우리나라 제품을 외면했던 세계 각국이 우리나라 제품을 사기 시작한 거죠. 반대로 수입 제품의 가격이 높아지면서, 우리나라의 수입액은 큰 폭으로 줄었습니다. 환율 상승에 따른 수출 급증과 수입 급감, 여기에 정부의 강력한 기업 구조조정 등을 거치면서 우리 외환시장에는 달러화가 다시 돌기 시작했고, 2001년 예정했던 것보다 훨씬 빨리 IMF 외환위기를 극복할 수 있었습니다.

우리나라의 IMF 구제 금융 '조기졸업'은 세계적으로도 유례를 찾기 힘든 성공적인 경제 위기 극복 사례로 꼽힙니다.

IMF 역시 한국이 구제 금융을 다 갚으려면 최소 5년 이상의 시간이 필요할 것으로 예상했지만, 한국은 3년 만에 빌려온 금액을 모두 갚는 데 성공했습니다. 이 과정에서 많은 국민들이 희생과 고통 분담을 해야 했습니다. 자발적으로 나라 빚을 갚는 데 쓰자며 '금 모으기 운동'을 통해 부족한 외화를 마련하기도 했습니다.

금은 전 세계 어디서나 통용되는 가치를 갖고 있기 때문에, 장롱 속에 보관하던 금을 내다 팔아 달러를 마련해 외국에서 빌린 돈을 갚는데 사용하기도 했습니다.

환율에 울고 웃는 사람들

환율의 변동은 우리나라와 같은 소규모 개방경제 국가에 미치는 영향이 막대합니다. 우리나라 경제의 대외 의존도(국민 총소득 대비 수출입 비율)는 2021년 기준 무려 64%에 달합니다. 경제협력개발기구 OECD 가입 국가의 평균 대외 의존도가 53%, 미국의 경우 26%를 기록하고 있는 걸 보면, 우리나라 경제가 수출입에 의존하는 비중이 얼마나 큰지 쉽게 알 수 있습니다. 이는 반대로 우리 경제 전체에서 국내 소비 시장(이를 내수시장이라고 합니다)이 차지하는 비중이 낮다는 뜻입니다. 이렇게 대외 의존도가 높다 보면 우리 경제 내부의 문제보다는 중국과 미국, 유럽 주요 국가들의 경제 부침에 영향을 크게 받습니다.

수출과 수입에 영향을 크게 받을 수밖에 없는 경제 구조를 가졌기 때문에, 환율의 변화는 우리 경제 전체에 큰 영향을 줄 수밖에 없습니다. 전체 매출 대비 수출 비중이 높은 기업은 원화의 약세, 그러니까 원달러 환율이 상승하는 상황을 선호합니다. 같은 100달러의 돈을 벌더라도, 우리 돈으로 환산했을 때 금액이 훨씬 많아지게 되니까요. 대표적인 기업을 꼽는다면 삼성전자와 현대차, SK하이닉스, 포스코 등 국내 주요 대기업을 들 수 있습니다.

　반대로 전체 매출에서 수입이 차지하는 비중이 큰 기업은 환율이 하락하는 상황을 좋아합니다. 더 적은 돈으로도 똑같은 물량을 수입할 수 있게 되어 이익이 증가하는 구조를 갖기 때문이죠. 원유를 수입해오는 SK에너지, GS정유 등 석유화학 기업들과 곡물과 같은 원재료를 수입에 의존하는 CJ, 롯데제과 등의 식품 기업들은 원달러 환율이 하락할 때 이익이 증가합니다.

　기업뿐 아니라 해외 유학과 여행 등이 보편화되면서 환율의 변화는 개인들에게도 적지 않은 영향을 줍니다. 아버지는 한국에 남아 돈을 벌고 어머니와 아이들만 외국에 나가 공부하고 있는 '기러기 가족'의 예를 들어보기로 하죠. 2023년 1월, 호주 1달러는 우리 돈 850원 선에서 거래되고 있습니다. 아버지는 한국에서 회사를 다니고, 한국 돈으로 월급을 받습니다. 이 돈을 호주 돈으로 환전해 호주에 있는 어머니에게 송금을 합니다. 이때 똑같은 500만 원을 보낸다고 해도, 호주 환율이 1000원일 때는 5000달러를 보낼 수 있습니다. 반면, 호주 환율이 800원일 때는 6250달러를 보낼 수 있습니다. 우리 돈과 호주 돈의 가치가 어떻게 변하느냐에 따라, 이렇게 한 달에 호주에서 사용할 수 있는 돈에는 큰 차이가 발생합니다.

　해외 배낭여행을 하는 대학생들도 환율 변동에 따라 차이를 크게 느낄 수 있습니다. 한 달 정도 유럽 배낭여행을 하는데 대략 500만 원 정도의 비용이 든다고 했을 때, 1유로가 1200원일 때와 1400원일 때와는 차이가 큽니다. 1유로가 1200원일 때는 4166유로를 쓸 수 있지만, 1400원일 때는 3571유로 밖에는 쓸 수 없습니다.

이 때문에 개인들 입장에선 자국 통화의 강세가 훨씬 유리합니다. 해외에 나가서 좀 더 여유있게 돈을 쓸 수 있기 때문이죠. 반대로 우리나라와 같이 수출을 많이 해 외화를 벌어야하는 국가나 기업의 입장에서는 자국 통화의 약세를 선호하게 됩니다.

비트코인, 암호화폐도 돈인가요?

비트코인이라는 암호화폐에 대해 들어본 적 있을 겁니다. 2021년 11월 한때, 1비트코인이 8800만 원까지 오르며 '1비트코인=1억 원' 시대가 곧 열릴 것이라는 전망이 나오기도 했습니다. 그렇지만, 전 세계적인 물가 상승, 인플레이션을 잡기 위해 각국 중앙은행이 기준금리를 올리고, 러시아의 우크라이나 침공 등 세계 경제에 악재가 쌓이면서 비트코인 값은 고꾸라졌습니다. 2023년 1월에는 2018년 수준인 2000만 원대 초반까지 떨어졌는데, 고점 대비 4분의 1토막이 난 셈입니다.

2009년 나카모토 사토시라는 정체 불명의 프로그래머가 처음 암호화폐의 개념을 정립하고 비트코인을 선보였을 때, 불과 1500원도 안 됐던 가격을 생각하면 여전히 비트코인은 높은 가격을 유지하고 있습니다. 이렇게 가격이 오를 수 있었던 건, 처음부터 최대 발행량을 2100만 개로 제한해 뒀기 때문인데, 조금이라도 가격이 쌀 때 사 두려는 사람들이 몰렸기 때문에 가격이 급등한 것으로 보입니다. 여기에 코로나를 계기로 전 세계 나라들이 돈을 많이 찍어 대면서 풀린 돈, 그러니까 풍부한 유동성 liquidity 이 비트코인 가격을 더 끌어올렸습니다.

이렇게 가격이 급등하면서 많은 사람들이 비트코인 투자에 나섰습니다. 어른들은 물론이고 중고등학생까지 비트코인을 비롯한 이더리움, 퀀텀, 리플 등으로 불리는 다양한 암호화폐 투자에 나서면서 사회문제로까지 대두될 정도였으니까요. 정부는 "암호화폐 시장에 거품이 많고, 또 정부가 가치를 인정해주지 않는 만큼 투자에 각별히 주의해야 한다"고 여러 차례 경고했습니다.

정부가 누차 경고했음에도 한 번 불이 붙은 암호화폐 투자는 마치 17세기 네덜란드에서 불었던 튤립투자 열풍 때처럼 우리 사회에 몰아쳤습니다. 일부 전문가들은 "암호화폐는 튤립보다도 가치가 없다"며 경고 메시지를 내보냈지만, 이런 말에 귀 기울이는 사람은 별로 없었죠.

터키가 원산지인 튤립이 네덜란드로 전해지면서, 네덜란드 사람들 사이에선 튤립 투기 열풍이 불었습니다. 1634년부터 불기 시작한 튤립 투기 광풍은 1637년까지 계속됐는데, 당시 튤립 뿌리 하나의 가격이 암스테르담 시내 집 한 채 가격에 달할 정도로 당시의 투기 광풍은 대단했습니다. 하지만 튤립 가격 거품이 꺼지는 데는 불과 1주일도 걸리지 않았고, 결국 양파 가격에 거래될 정도로 튤립은 천대 받았습니다.

튤립만큼 빠른 속도로 거품이 빠진 건 아니지만 암호화폐 시장에 생겼던 거품도 가시고 있습니다. 2018년 1월, 2300만 원을 넘었던 1비트코인 가격이 300만 원대로 떨어지면서 사람들의 관심 속에서 멀어졌습니다. 하지만 2020년에는 또 급등하면서 4000만 원을 넘기도 했죠. 그런데 여기서 의문이 생깁니다. 비트코인과 같은 암호화폐도 진짜 돈이 될 수 있는 걸까요?

해답은 비트코인에 대한 시장 '신뢰'에 있습니다. 우리가 평소 사용하는 돈은 대한민국 정부가 법으로 통용성을 보장하고 있기 때문에 돈으로서 가치를 갖습니다. 미국 달러는 미국 정부가, 유로화는 EU가 법적인 화폐의 자격을 부여하고 있어 시장에서 사용되는 것과 마찬가지입니다. 그렇다면 비트코인과 같은 암호화폐는 어떤가요?

비트코인이 주요 암호화폐 가운데 가장 많이 실생활에서도 사용되고 있지만, 법으로 통용력을 인정받는 화폐는 아닙니다. 다만 비트코인을 사용하는 사람들이 자발적으로 가치를 인정하고, 그만큼의 가치로 사용하고 있는 거죠. 만약 비트코인을 사용하던 사람들이 하나 둘 가치에 대한 확신을 거둬들인다면 더 이상 그만큼의 가치를 보장받기 어렵습니다. 이 때문에 비트코인을 아직까지 화폐로 생각하는 사람들은 소수에 불과합니다.

다만 비트코인을 지탱하는 블록체인Block Chain이라는 데이터를 저장하는 방식을 중앙 집중 방식에서 분산 저장 방식으로 전환해 거래의 안전성과 보안성을 높이는 효과가 있습니다. 이렇게 한층 높아진 안전성과 보안성을 주요 실물 경제에 다양하게 활용하는 방안에 대한 연구는 지금도 열심히 진행되고 있습니다.

환율은 경제학적 관점에서 본다면, 해당 국가 화폐의 '가격'이라고 할 수 있습니다. 가격은 시장 경제에서 수요와 공급의 균형점에서 형성하게 됩니다.

이를 시장 환율이라고 합니다. 그렇다면 시장 환율은 어떤 요인들에 의해 결정될까요? 예를 들어, 원달러 환율은 어떤 이유로 오르고 내리는 것일까요?

14

경제를
움직이는
네 바퀴

음식점에서 10% 부가가치세를 받는 이유는? _____

경제는 어떻게 움직이는 걸까? _____

오늘은 석완이 부모님의 열아홉 번째 결혼기념일입니다. 석완이가 벌써 열네 살이 됐으니, 시간이 참 빠르지요? 아빠가 결혼기념일을 맞아 기분이 매우 좋아 보입니다.

"오늘은 모처럼 우리 식구끼리 근사한 레스토랑에 가볼까? 자, 빨리들 옷 챙겨 입으시죠!"

그 말을 들은 엄마가 아빠를 말립니다.

"말만으로 충분하니 그냥 집에서 삼겹살이나 구워 먹는 게 어때요?"

하지만 아빠는 이런 날 특별한 저녁 식사를 하고 싶은가 봐요.

"즐길 때 즐기려고 우리가 회사에 다니는 거 아니겠어? 레스토랑에도 가끔씩 가면 좋지. 걱정 말고 서둘러 나가자고요."

서윤이도 설레는 마음으로 엄마를 설득하네요. 이미 서윤이 마음은 레스토랑에 가 있나 봐요.

"맞아요, 엄마. 아빠가 맛있는 것 사준다고 할 때 빨리 가요."

결국 레스토랑을 찾아간 가족. 아빠는 메뉴판을 건네며 자신 있게 말합니다.

"자, 각자 메뉴판 보고 먹고 싶은 걸 시켜주세요. 저녁 값은 걱정 마시라."

그때 메뉴판에 쓰인 한 단어를 보고 서윤이가 아빠에게 묻네요.

"아빠. 여기에 VAT 별도라고 쓰여 있는데, 이건 무슨 뜻이에요? 처음 본 단어에요."

"아, VAT! 서윤이가 이건 모를 수도 있겠구나. VAT는 부가가치세라고 하는데, 우리가 물건을 살 때 알게 모르게 내는 세금 중에 하나란다. 보통 부가가치세는 물건 가격에 그대로 포함되는데, 여기서는 음식 값과 따로 나와 있구나. VAT라는 말이 나온 김에 집에 가서 세금에 대해서 좀 알아볼까?"

부가가치세(VAT)가 뭐예요?

각 나라의 정부는 나라 살림을 유지하고 국가 경제를 발전시키기 위해 국민의 소득 가운데 일부분을 국가에 납부하도록 하고 있습니다. 원활한 경제활동이 이뤄질 수 있도록 국민에게 세금을 받는 셈이지요. 세금 납부는 우리 국민의 4대 의무(국방, 근로, 교육, 납세) 가운데 하나로 꼽힙니다.

그렇다면 세금 납부는 어떻게 이뤄지고 있을까요? 모든 국민에 부과되는 만큼, 세금은 공평성을 유지하기 위해 법으로 세금 부과율을 정하고 있습니다. 소득이 높으면 세금 부과율이 높고(이를 누진세라고 합니다), 소득이 적으면 그만큼 세금 부담도 적지요.

"소득이 있는 곳에 세금이 있다"는 말이 있을 정도로, 세금은 광범위하게 걷히고 있습니다. 우선, 여러분의 부모님이 회사에서 열심히 일한 대가로 받는 월급에 대한 세금이 있지요. 일(근로)해서 얻은 소득에 대해 세금을 걷는다는 의미로 '근로소득세'라고 합니다.

꼭 일을 해서만 돈을 벌 수 있는 건 아닙니다. 예를 들어, 2억 원에 아파트를 샀다가 4억 원에 되팔았을 경우 2억 원의 소득이 발생하겠지요? 부동산을 사고파는 과정에서 발생하는 소득에 대해서도 세금이 부과되는데, 이런 세금을 양도소득세라고 합니다. 생산과 판매와 같은 기업 활동을 통해 소득을 올리는 기업들 역시 1년 동안 벌어들인 소득에 대해 '법인세'를 납부하고 있습니다.

이러한 근로소득세, 양도소득세, 법인세처럼 소득을 올린 사람이 직접 세금을 내는 것을 '직접세'라고 합니다. 반면, 세금을 내는 사람과 세금을 실제로 부담해야 하는 사람이 다른 '간접세'도 있지요. 가장 대표적인 '간접세'가 바로 부가가치세입니다. 부가가치세는 물건이나 서비스를 만들어 내는 과정에서 새로 생겨나는 가치(부가가치)에 대해 내는 세금이라고 해서 '부가가치세'라고 불립니다.

예를 들어, 산림의 나무를 벌목해 대형 목재(원재료)를 만들고, 이를 재료로 가구를 만들어(제조), 소비자에게 판매(유통)하는 과정에서 목재의 가치는 계속 높아집니다. 이 과정에서 높아진 가치에 대해 세금을 매기는데, 세금을 실제로 부담해야 하는 사람은 마지막에 가구를 구입해 사용하는 소비자가 되지요. 소득은 제조업자, 유통업자에게 돌아가지만, 세금 부담은 소비자가 하고 있기 때문에 간접적으로 세금을 내는 셈입니다. 부가가치세는 물건이나 서비스를 이용하는 사람의 재산 정도를 따지지 않고 똑같이 부담하기 때문에 '고정세'로 분류되지요.

관세 역시 빼놓을 수 없는 세금의 하나입니다. 관세는 외국에서 만들어져 우리나라에 수입되는 상품에 부과되는 세금을 말하지요. 외국과의 무역에서, 정부는 특정 품목에 어느 정도 관세를 부과하여 우리나라의 사업을 보호하기도 하고, 국가 세수(세금으로 얻는 수입)를 늘리기도 합니다. 1980년대, 우리나라가 외국으로부터 고급 사치재를 많이 수입했던 시절에는, 수입 물품에 대해 매우 높은 관세를 매겨 소비를 억제하기도 하였지요. 아무래도 관세가 높으면 물건 가격도 크게 오르기 마련이니까요. 하지만, 최근에는 자유무역이 경제 발전에 기여하는 효과가 크다고 보고, 주요 국가 간에 '자유무역협정FTA'을 체결하여 관세를 지속적으로 낮춰가고 있습니다.

해적도 피할 수 없는 '세금'

옛날이야기에서나 등장할 것 같은 해적이 21세기 현재에도 존재한다니 믿겨지나요? 아프리카 일부 나라 중에 치안이 불안한 지역에서는 아직도 해적이 있다고 합니다. 해적들은 바다를 지나가는 배들을 노리는데요. 요새에는 아프리카뿐 아니라, 동남아시아 일대에서도 종종 해적이 보이곤 합니다. 옛날과 달리 해적들은 칼이 아니라 여러 무기들을 통해 지나가는 배들을 위협하고 있지요.

이렇게 무지막지한 바다의 무법자, 해적도 무서워하는 게 있습니다. 바로 세금입니다. 무정부 상태, 즉 정부가 아직 없는 상태에서 소말리아 해적은 자신의 뒤를 봐주는 권력 집단에게 자신들이 빼앗은 물건의 일부를 내고 있습니다. 국가에 내는 것이 아니니 '세금'이라 부르진 않겠지만, 자신들을 감싸주는 대가로 내는 만큼 세금과 같은 역할을 하는 건 분명하지요.

해적은 중세시대에도 세금을 납부했다는 걸 알고 있나요?

9~11세기, 유럽 전역을 공포에 떨게 했던 바이킹조차 빼앗은 물건 가운데 3분의 1을 노르웨이나 덴마크 왕실에 세금으로 냈습니다. 또한 미국 독립선언문의 틀을 잡은 '미국 건국의 아버지' 벤저민 프랭클린은 "죽음과 세금은 사람이 피할 수 없는 가장 확실한 것이다"라고 명언을 남기기도 했지요. "소득이 있는 곳에 세금이 있다"는 조세 원칙도 있는데요. 이 말은 소득 활동이 일어나는 곳에서는 무엇보다 세금이 중요하다는 것입니다. 소득을 토대로 세금이 나와야만 국가가 유지됩니다. 가계와 마찬가지로, 정부도 수입(세금)이 있어야 살림살이를 할 수 있겠지요?

우리의 경제생활에는 알게 모르게 많은 세금이 포함되어 있습니다. 정부는 거둬들인 세금을 기반으로 우리의 안전을 책임지고 있지요. 또, 미래를 위해 젊은이들을 교육하고, 가난한 사람들에게는 최소한의 생계를 책임질 수 있도록 도와주고 있습니다.

경제 주체 4총사

경제 주체는 각자의 판단을 바탕으로 경제활동을 하는 기본 단위를 말합니다. 경제 주체로는 크게 가계, 기업, 정부가 있습니다. 가계는 개인이 모여 구성된 경제 주체의 가장 기본적인 단위입니다. 기업은 여기서 주로 영리활동(이익을 추구하는 활동)

을 하는 회사를 말합니다. 정부는 나라를 유지하는 통치 제도를 뜻하지요. 이들은 각자만의 방식으로 경제활동을 하며 경제가 원활히 돌아가도록 하고 있습니다. 여기에 추가로 해외를 더하기도 합니다. 외국 또한 무시할 수 없는 경제 요소이니까요.

그렇다면 경체 주체들이 각각 어떠한 역할을 하는지 하나씩 살펴보겠습니다.

가계: 소비·생산의 중심

우선 경제활동의 기본인 가계에 대해 알아볼까요? 가계는 개인이 모여 이뤄진 단위로서 가족이라고 보면 됩니다. 가계는 주로 소비 활동을 하는데, 이는 경제를 지탱하는 가장 중요한 활동입니다. 가계에서 소비하지 않는다면 기업과 정부의 경제활동은 이뤄지기 힘들지요.

가계는 소비와 동시에 생산에 필요한 노동력, 자본, 토지 등을 기업과 정부에 제공합니다. 가계는 정부나 기업에 이 같은 생산 요소를 제공한 대가로 '소득'을 얻지요. '소득'에는 '월급' 같은 근로소득도 있고, 땅을 기업에 빌려주고 받는 '월세' 같은 임세소득도 있습니다. 기업의 주식을 샀다면 '배당' 같은 배당소득을 얻을 수도 있지요. 또한, 소득에 대한 세금을 내서 정부의 살림을 튼튼하게 합니다.

개인은 이러한 소득을 바탕으로 소비를 합니다. 기업이 만든 재화나 서비스를 이용하는가 하면, 정부가 제공하는 도로, 교육, 안보 같은 서비스를 누리지요. 이렇게 소비를 하고 남은 돈은 저축하여 다시 기업 투자에 활용할 수 있도록 합니다. 이렇듯 개인은 생산자와 소비자의 역할을 동시에 하기 때문에 가장 중요한 경제 주체인 것입니다.

석완이의 하루 일과를 예로 들어보죠. 석완이가 학교에 가는 건, 정부에서 제공하는 '교육 서비스'를 이용하는 셈입니다. 석완이가 교육 서비스를 이용하는 건, 석완이 부모님이 정부에 '세금'을 냈기 때문이지요. 이를 위해 석완이 부모님은 직장에서 열심히 일을 하고 있습니다. 학교에서 돌아오는 길에 석완이가 아이스크림을 하나 사 먹었다면 어떨까요? 아이스크림을 사는 건 아이스크림 회사에 돈을 준 꼴이니 소비자가 된 셈이지요. 석완이는 아직 학생이기 때문에 생산 활동에는 따로 참여하지 않습니다. 경제 주체의 기본 단위가 개인이 아니라, 가계인 것도 이렇듯 경제활동에 참여하지 못하는 사람이 있기 때문이지요. 석완이네 집에서는 석완이 대신 석완이 부모님이 회사에 '노동력'을 제공해 생산 활동에 참여하고 있습니다.

기업: 생산의 주인공 _____

기업은 경제활동에서 생산을 맡고 있습니다. 개인이 소비하는 재화나 서비스를 제공하는 게 기업의 역할이지요. 생산과 판매를 통해 기업은 '이익'을 추구하는데, '이익 추구'는 기업의 목적이라고 할 수 있습니다. 기업은 이익을 통해 유지되고, 지속적인 성장을 위해 일자리를 늘려 가계의 경제활동을 돕습니다.

기업에서는 노동, 토지, 자본 등 생산의 3요소를 투입해 제품이나 서비스를 만들어 냅니다. 생산의 3요소 가운데 토지와 자본은 가계나 정부로부터 제공받습니다. 반면, 노동은 가계를 기본으로 하지요.

노동은 개인의 모든 생산 활동을 이르는 말입니다. 예를 들어, 건설장에서 벽돌을 나르는 육체적인 노동일 수도 있고, 광고를 만드는 카피라이터의 창의적 노동일 수도 있습니다. 경제 구조가 높아질수록 육체노동의 비중은 줄어들고 정신노동의 비중이 커지는 편이지요.

토지는 생산 활동에 필요한 토지를 비롯해 모든 자연자원을 포괄하는 개념입니다. 공장을 짓기 위한 공장부지일 수도 있고, 음식점을 하기 위해 필요한 가게일 수도 있습니다. 강철판을 만들어 내기 위해 필요한 철광석도 광범위한 의미의 토지로 분류될 수 있지요.

자본은 재화나 서비스를 만드는 과정에서 직간접적으로 필요한 모든 자금을 의미합니다. 기업은 토지와 노동을 제공받고, 이를 제공한 경제 주체에게 비용을 지불합니다. 이때 자금이 필요하지요. 따라서 자본은 기업이 원활하게 운영되는 데 반드시 필요한 요소입니다.

한국의 대표 제조기업인 포스코를 예로 들어보겠습니다. 포스코에서는 1만7000여 명의 직원이 육체적, 정신적 노동을 하고 있습니다. 이 대가로 포스코는 직원들에게 임금을 지불하지요. 포스코가 활용하는 토지는 경북 포항, 전남 광양 등 제철소와 서울 본사 등입니다. 이러한 토지는 포스코가 가계나 정부로부터 구입한 것일 수도 있고, 임대료를 지불하고 쓰는 것일 수도 있습니다. 아무튼 이렇게 임금을 주고, 토지를 쓰려면 자본이 필요합니다. 이러한 자본은 주식회사를 설립했을 때 주주로부터 받은 자본금일 수도 있고, 그동안 기업 활동을 하며 얻은 이익금일 수도 있습니다. 이렇게 한 기업을 유지하는 데에는 노동, 토지, 자본이 고루 필요합니다.

정부: 시장의 조력자

정부는 가계와 마찬가지로 생산과 소비 활동의 주체로 꼽힙니다. 그러나 정부에서는 가계보다 훨씬 중요한 점이 있는데요. 바로 생산자인 기업과 소비자인 가계의 경제활동을 돕는 징검다리 역할을 한다는 것입니다. 시장 질서를 유지하고 경제활동이 원활히 이뤄질 수 있도록 하는 것이죠.

소비자로서의 정부는 가계와 같은 역할을 합니다. 정부는 기업이 생산한 재화와 서비스를 이용해 시장이 잘 돌아가도록 하지요. 한편, 생산자로서의 정부는 재화와 서비스를 직접 생산해 가계와 기업에 공급합니다. 예로 고속도로나 공영 아파트를 직접 지어서 가계와 기업이 이용하게 하는 것이죠. 일종의 생산 활동인 셈입니다. 눈치챘겠지만, 정부의 생산물은 주로 공공의 이익을 위한 것입니다. 고속도로는 누구나 이용할 수 있고, 공영 아파트로 아파트를 저렴하게 구입할 수 있지요. 이렇듯 공공의 이익을 위해 정부가 시장에 공급하는 재화나 서비스를 '공공재'라고 합니다.

무엇보다 정부는 시장의 유지를 위해 법질서를 세웁니다. 원활한 경제활동을 위해서는 몇 가지 요소가 필요한데요. 먼저, 나라의 안전을 세우고 주권을 지키는 '안보(국방)'가 있습니다. 그 다음으로는 가계와 기업의 안전을 보장하는 '치안', 우수한 노동력을 공급하는 '교육'이 있지요. 안보, 치안, 교육은 정부가 제공하는 일종의 '공공서비스'입니다. 또한, 정부는 관리 감독을 통해 특정 기업이나 집단이 부당한 권력으로 부를 독점하는 것을 막고 있습니다. 완벽해 보이는 시장에서도 때로는 심각한 부작용이 일어나기 때문이죠.

정부는 이러한 활동에 필요한 재원을 세금으로 채웁니다. '소득이 있는 곳에 세금이 있다'는 조세 원칙에 따라, 가계와 기업이 경제활동으로 소득을 얻으면, 소득의 일정 비율을 세금으로 거둬들이죠. 정부는 이렇게 거둬들인 세금으로 공공재와 공공서비스를 제공합니다.

가계와 마찬가지로 정부도 지출이 수입(거둬들인 세금)보다 많을 경우, 적자를 봅니다. 이러한 경우, 경우 부족한 돈은 국채를 발행하여 메우지요. 국채는 쉽게 말하면 '나랏빛'으로, 외국, 기업, 개인 등에게서 빌린 돈을 말합니다. 반대로 세금이 지출보다 많으면 흑자를 봅니다. 흑자로 돌아서면 나라에서는 적자가 났을 때 빌린 돈을 세금으로 갚습니다.

해외: 세계화 시대의 무역 파트너

앞서 말했듯이 가계, 기업, 정부는 경제 주체로 꼽히지요. 경제활동에서는 국내에서의 거래는 물론 국외에서도 거래를 하게 되는데요. 세계가 하나가 되면서 해외, 즉 외국을 통한 경제활동도 무시할 수 없게 되었습니다. 해외를 빼놓고서는 경제 흐름을 파악할 수도 없지요. 심지어 자립경제를 추구하는 북한에서도 외국과의 거래가 불가피하게 일어납니다. 북한 또한 작은 규모지만 외국과 무역거래를 하고 있지요.

외국 또한 그 나라의 가계, 기업, 정부를 통해 활발히 경제활동을 하고 있습니다. 따라서 다양한 소비와 생산 활동이 이뤄지지요. 각 나라는 무역을 통해 서로 부족한 부분을 보완하고 있습니다. 이렇게 세계 경제 발전을 이끌어가는 것이죠. 가계, 기업, 정부는 수출을 통해 외국의 수요를 맞추고, 수입을 통해 외국에서 생산된 재화나 서비스를 소비하고 있습니다.

노잣돈과 공짜 점심

세계 어디든 저승에 관한 이야기가 있지요? 어떤 이야기에서는 죽어서 저승에 갈 때 노잣돈을 줘야 한다고 합니다. 저승을 갈 때도 '공짜'가 없는 것이죠. 현실에서도 마찬가지입니다. 당장은 공짜처럼 보이는 것도 대가가 따르게 마련이지요. 경제학에서는 이를 두고 "공짜 점심은 없다"고 말합니다.

마트에 가면 '과자 4개를 사면 1개를 공짜로 준다'는 식의 할인 행사를 본 적이 있지요? 기업에서 손해를 보면서까지 물건을 더 주는 것은 아닐 테지요. 이 할인 행사의 속뜻은 다른 데 있습니다. 과자 4개 값에 덤으로 주는 과자 1개 값이 포함되었거나, 당장은 밑지더라도 많이 팔면 이득이 되는 경우이지요. 즉, 과자 1개를 공짜로 주는 게 아니라, 과자 1개로 많은 돈을 벌려는 마케팅 전략이 숨어 있는 것입니다.

이렇듯 기업의 속뜻을 모르고 당장 덤을 주는 물건을 사다보면 과소비를 하고 맙니다. 요즘은 신용카드를 많이 쓰면서 씀씀이가 커진 편인데요. 당장 돈이 통장에서 나가지 않으니 예전 같았으면 살까 말까 고민했을 물건도 덥석 사고 맙니다. 그러나 언젠가 돈을 내야겠지요? 저승을 갈 때도 공짜가 없는데, 세상에 공짜가 어디 있을까요?

세계 속 대한민국

세계에는 200여 개의 나라가 있습니다. 이 가운데 독자적인 주권을 행사할 수 있으며, UN헌장을 준수하기로 해 UN에 공식 가입한 국가는 193개입니다. 비독립국 38개 나라와 일부 국가에서만 주권을 인정받는 10개의 나라 등을 포함하면 200개를 훨씬 넘습니다. 그렇다면 200여 개를 넘는 나라 가운데, 우리 대한민국은 어느 정도 위치에 있을까요? 숫자로 본 세계 속 대한민국의 현주소를 알아볼까요?

❶ 반도체산업 세계 1위

반도체는 '정보화 시대의 쌀'로 불릴 정도로, IT 산업 전반에 고루 쓰이고 있습니다. 휴대폰과 컴퓨터는 물론 자동차, 드론까지 쓰이지 않는 곳이 없을 정도로 활용 범위가 넓습니다. 세계 연간 반도체 시장 규모만 6620억 달러, 우리 돈 847조 원에 육박하고 있습니다.

삼성전자와 SK하이닉스로 대표되는 우리나라의 반도체 기업들의 세계 시장 점유율은 20%에 육박하며 국가별 순위 1위에 올라 있습니다. 하지만 최근 1위 자리를 지키는 가운데, 시장점유율은 조금씩 하락하는 추세인데요. 중국 등 후발 주자가 맹추격을 하고 있습니다. 특히 중국은 국가적인 반도체산업 지원책을 내놓으면서 우리나라를 위협하는 신흥강자로 부상하고 있습니다.

⑤ 세계 5위 자동차 생산국

우리나라는 2021년 기준 연간 346만 대의 자동차를 생산하며 세계 자동차 생산 국가 5위를 기록하고 있습니다. 한때 인도와 멕시코에 밀려 7위까지 떨어지기도 했지만, 코로나19 여파로 다른 나라의 생산력이 저하되며 5위를 회복했습니다. 1위는 연간 2600만 대를 생산한 중국, 2위는 915만 대를 생산한 미국, 3위는 일본, 4위는 인도 순입니다.

우리나라가 비교적 다른 나라들에 비해 적은 내수 시장에도 불구하고 세계 5위까지 순위를 올릴 수 있었던 건 수출 덕분입니다. 현대 기아차는 해외 공장 생산 물량을 포함해 2022년 한 해에만 700만 대 가까이를 판매해 전 세계 자동차 회사 가운데 3위를 기록했습니다.

⑦ 30-50클럽 7번째 가입국

우리나라는 2018년 국민소득 3만 달러를 처음 돌파하며, 세계 7번째로 '30-50' 클럽에 가입했습니다. 30-50 클럽은 국민소득 3만 달러, 인구는 5000만 명이 넘는 규모를 가진 국가를 말합니다. 지금까지 30-50 클럽에 가입한 국가는 미국, 일본, 독일, 영국, 프랑스, 이탈리아 등 6개 나라에 불과합니다.

전 세계 7개 나라만이 소득 3만 달러, 인구 5000만 명이 넘는 국력을 가졌을 정도로 가입이 쉽지 않습니다. 아무래도 인구가 많으면 웬만한 경제 규모를 가지고 있다고 하더라도 국민 소득 3만 달러를 넘기기 어렵기 때문이죠. 예를 들어, 중국은 인구가 14억 명에 달해 경제 규모가 세계 2위 수준까지 올라왔지만, 국민소득은 아직 1만 달러 수준입니다. 반대로 싱가포르는 국민소득은 우리보다 훨씬 높지만, 인구는 적습니다. 북유럽 선진국들도 소득이 높은 반면 인구는 우리보다 훨씬 작아서 강대국 반열에 오르기 어렵습니다.

❿ 세계 경제 규모 순위 10위

우리나라는 2021년 기준, 경제 규모 1조 8102억 달러를 기록하며 세계 10위의 경제 규모를 자랑하고 있습니다. 2009년 15위에서 2015년에는 11위까지 상승했고, 2020년 세계 10위에 올랐습니다. 코로나19를 계기로 우리보다 앞섰던 브라질과 러시아 경제가 추락하면서, 상대적으로 선전한 우리가 두 국가의 경제 규모GDP를 추월했습니다. 한 나라의 경제 규모GDP는 '한 국가의 국경 내에서 생산된 최종생산물의 가치'를 뜻하는데, 소비와 투자, 정부 지출 등이 모두 포함된 개념입니다. 한 나라의 경제 발전 정도와 인구수를 종합적으로 판단해 볼 수 있는 지표라고 할 수 있습니다. 우리나라는 인구가 다른 상위권 국가에 비해 적은 편이어서 10위권 진입도 쉬운 일은 아니었지만, 가까운 미래에 북한과 통일이 되고 북한 경제가 비약적으로 성장하게 된다면 더 높은 순위 진입도 가능할 것으로 관측됩니다.

㉗ 국가 경쟁력 27위

스위스에 있는 국제경영개발연구원IMD에서는 매년 주요 국가의 국가 경쟁력 순위를 발표합니다. 2022년 기준, 우리나라의 국가 경쟁력 순위는 평가 대상국 63개 나라 가운데 27위를 기록했습니다. 덴마크가 국가경쟁력 순위 1위를 기록했고, 스위스는 2위, 싱가포르는 3위에 올랐습니다. 27위라는 우리나라의 성적이 다소 실망스러울 수 있지만, 인구 2000만 명 이상 국가로 범위를 좁혀 보면 세계 9위에 해당합니다. 특히, '30-50클럽'(1인당 소득 3만 달러 이상·인구 5000만 명 이상) 7개국 중에서는 프랑스(28위)·일본(34위)·이탈리아(41위)보다 높지만 미국(10위)·독일(15위)·영국(23위)에 뒤져 4위를 유지하고 있습니다.

㉙ 세계 인구 29위

2022년 기준, 우리나라의 총인구는 5155만 명으로 세계 29위에 올랐습니다. 세계 1위의 인구 대국은 중국으로 14억 2500만 명에 달합니다. 2위인 인도의 추격이 대단한데요. 인도는 14억 1700만 명으로 중국 인구 추월을 코앞에 두고 있습니다. 중국의 합계 출산율이 낮아지고 있고, 인도는 여전히 해마다 태어나는 아이들이 많아, 머지않아 인도가 세계 최고의 인구 대국 자리에 오를 전망입니다. 일본은 1억 2300만 명으로 세계 12위입니다. 북한은 2616만 명으로 세계에서 56번째로 인구가 많습니다. 남북한 인구를 합하면 7771만 명이 되는데, 통일 한국의 인구는 독일 8329만 명에 이어 세계 20위가 됩니다.

한 편의 영화에는 주인공을 비롯해 여러 조연과 엑스트라들이 출연
합니다. 이들이 연기가 조화를 이루고 매끄럽게 이어질 때, 비로소
한 편의 좋은 영화가 만들어지는 것이죠. 오케스트라도 각 악기들이
제 목소리를 내면서 조화롭게 연주되어야만 아름다운 교향곡이 완
성되지요. 경제도 마찬가지입니다. 그렇다면 경제가 잘 돌아가기
위해서 각각의 경제 주체들은 어떤 역할을 해야 할까요?

15

펀드를 알면
돈이
보인다!

왜 엄마께 세뱃돈을 맡겨야 할까요? ___

장기투자의 놀라운 힘 ___

석완이네 가족이 설날을 맞아 큰집을 찾았습니다. 석완이와 서윤이가 한복을 단정히 차려 입고 친척 어르신께 세배를 올리네요.

"할아버지, 할머니. 새해 복 많이 받으세요. 건강하게 오래 사세요."

"그래. 석완이, 서윤이도 새해 복 많이 받고, 학교도 잘 다니거라. 자, 세뱃돈이다."

세뱃돈을 받아서 들뜬 석완이는 조심스럽게 여쭤봅니다.

"고맙습니다, 할아버지. 세뱃돈으로 제가 사고 싶은 것 사도 되죠?"

할아버지가 석완이의 말에 흐뭇한 미소를 짓습니다.

"그럼, 이건 할아비가 주는 용돈이니까, 석완이가 쓰고 싶은 대로 써도 된단다. 이왕이면 좋은 일에 쓰면 좋고."

큰아버지와 고모들께서 준 세뱃돈까지 합치니 석완이의 지갑이 제법 두툼해졌습니다. 까치만 신난 게 아니었군요. 석완이도 서윤이도 모두 신이 났습니다. 그런데 그때였습니다. 엄마가 석완이의 지갑을 살짝 살펴보는 게 아니겠어요?

"엄마, 이번에도 제 세뱃돈 가져가실 거예요?"

"가져가다니? 가져가는 게 아니라 잠시 맡아 두는 거야. 사실 엄마는 세뱃돈을 네 이름으로 된 펀드에 넣어서 투자를 하고 있단다."

"하지만 저는 그 돈을 구경도 못하는 걸요? 제 세뱃돈은 어디서 볼 수 있어요?"

"엄마가 지난번에 보여주지 않았니? 펀드에 세뱃돈이 들어 있었잖니. 투자를 잘한 덕분에 수익도 많이 났단다. 엄마가 네 세뱃돈을 잘 관리해서 네가 대학에 가면 필요한 걸 사도록 돌려줄게."

"그래도 지금 용돈으로 쓰는 게 좋은데….'"

아빠가 엄마와 석완이의 대화를 듣고 중재에 나섭니다.

"석완아, 지금 당장 돈을 쓰는 재미도 있겠지만 투자한 돈이 더 큰 돈이 돼서 돌아올 때 보람은 더 크단다. 또 지금은 급히 쓸 곳도 없으니, 엄마 말대로 하는 게 좋을 것 같구나."

"그것 봐. 아빠도 엄마 편이네. 그러니 엄마 말대로 하는 거야. 알았지?"

석완이가 못내 속상한 표정을 짓자, 아빠가 말을 이어갑니다.

"석완이가 많이 아쉬운가 보구나. 그럼, 세뱃돈을 반으로 나눠서 반은 석완이 용돈으로 쓰고, 반은 펀드에 넣는 게 어떨까?"

"네, 아빠 그게 좋겠어요!"

석완이가 매우 만족스러운지 활짝 웃습니다. 엄마도 아빠의 제안이 마음에 들었는지 세뱃돈을 반으로 나눠 석완이에게 주었습니다.

펀드가 뭐기에

그렇다면 펀드Fund는 무엇일까요? 2000년대 초반만 해도 펀드는 굉장히 생소한 이름이었는데요. 요즘은 많은 사람들이 펀드에 가입하면서 이름이 널리 알려졌습니다. 그럼 펀드란 무엇이고, 어떻게 이용하는 것인지 자세히 알아보지요.

펀드는 개인 투자자가 직접 주식 투자에 나서지 않고, 투자금을 펀드 회사(증권사나 은행)의 주식 전문가에게 맡기는 것을 말합니다. 주식 전문가들은 이 돈을 주식 투자에 사용하고, 여기서 얻은 이익을 투자자에게 돌려줍니다. 대신 전문가가 주식 투자를 해주니, 투자자는 소정의 수수료를 내야 하지요. 투자자는 주식 전문가의 노하우를 활용하여 투자할 수 있고, 전문가는 투자자로부터 수수료를 받을 수 있으니 일석이조인 셈이지요.

여기서 펀드를 전문적으로 다루는 사람들을 '펀드 매니저 Fund Manager'라고 하는데요. 펀드 매니저들은 주식시장을 철저히 분석하여 투자자의 자금으로 어느 주식을 사고팔지를 결정합니다. 이렇게 수익을 얻는 것이 펀드 매니저의 역할이지요.

펀드는 한 명의 개인이 아닌 여러 명의 개인 투자자가 모여 이뤄집니다. 펀드를 구성하는 사람들을 개별 투자자라고 하는데요. 한 펀드에 적게는 50명 이하, 많게는 수만 명이 가입합니다. 투자자는 투자 이익에 대해 자신이 투자한 비율만큼 이익을 나눠 갖습니다.

예를 들어 볼까요? 1000억 원 규모의 'ㅇㅇ주식펀드'가 있다고 해보지요. 이 펀드에 가입한 사람은 총 500명지만, 투자금은 서로 다릅니다. 5억 원을 투자한 사람도 있고, 3억 원, 1억 원을 투자한 사람도 있지요. 만일 이 펀드를 1년 동안 굴려서 연 10%의 이익이 났다면 어떻게 될까요? 먼저 수익금은 100억 원이 될 것입니다. 이 100억 원은 개인이 투자한 만큼 나눠 갖지요. 즉, 5억 원을 투자한 사람은 1000분의 5만큼의 투자 비율이 있으니 5000만 원을, 3억 원을 투자한 사람은 1000분의 3만큼인 3000만 원을 받게 됩니다. 수익률로 환산하면 모두 10%씩 가져가는 셈이지요.

펀드는 주식시장의 발달과 함께 성장해 왔습니다. 얼마 전까지만 해도 은행 계좌에 일정한 돈을 넣어 이자를 받는 적금이 있었지요. 하지만 요새 주식시장이 상승세를 보이면서 적금보다 펀드가 훨씬 이익이 많다는 인식이 퍼졌습니다. 때문에 펀드가 적금의 자리를 대신하였고, 지금은 목돈 만들기 가장 좋은 방법으로 펀드를 꼽고 있지요.

일석삼조, 어린이펀드

석완이 엄마는 그동안 석완이의 세뱃돈을 '어린이펀드'에 넣고 있었는데요. 그렇다면 '어린이펀드'란 무엇일까요? 어린이펀드는 다양한 펀드 상품 중 하나로 이름에서 알 수 있듯 어린이 혹은 청소년을 대상으로 나온 상품입니다.

어린이펀드는 이름과 달리 어린이가 직접 가입하지는 않습니다. 대부분 부모님이 여러분을 위해 가입한 후에 목돈이 되면 펀드를 팔아 대학 등록금 등으로 사용하지요.

어린이펀드가 부모에게 인기를 끌면서 다양한 혜택이 생겨났습니다. 정부에서는 어린이펀드의 세금을 깎아주고, 펀드 회사는 다른 펀드에 비해 수수료를 낮게 받고 있지요. 세금과 수수료를 적게 내다보니 어린이펀드는 다른 펀드에 비해 수익률이 높은 편이라고 합니다.

이렇게 어린이펀드가 환영받는 이유는 다른 펀드에 비해 투자자가 펀드를 오래 갖고 있기 때문입니다. 다른 펀드의 경우, 이익이 나면 대부분의 투자자가 금세 돈을 찾아가지요. 돈을 찾는 것을 증권 회사 쪽에서는 '환매'라고 합니다. 아무튼 다른 펀드에서는 회사가 환매, 즉 돈을 돌려줄 대비를 해야 합니다. 하지만 어린이펀드 가입자는 금방 되팔지 않으니 그럴 걱정이 없습니다. 수익이 나도 투자자가 바로 환매할 걱정이 없으니 펀드 매니저는 주식 시장을 장기적으로 내다보고 투자를 결정합니다. 때문에 어린이펀드가 다른 펀드에 비해 수익률이 높은 것이죠.

그럼, 어떤 어린이펀드에 가입하는 게 좋을까요?

우선, 어린이펀드의 특성을 고려해야겠지요? 오랫동안 꾸준히 이익을 얻는 만큼, 자본금이 탄탄한 회사의 어린이펀드를 가입하는 것이 좋습니다. 전문가들은 자본 규모가 최소 500억 원이 넘는 어린이펀드가 좋다고 말합니다. 또, 안정적인 수익률을 위해서는 대형주, 즉 큰 회사의 주식에 투자하는 비중이 높은 펀드에 가입하는 것이 좋습니다. 아무래도 오랫동안 투자하는 만큼 경영 구조가 탄탄한 회사가 좋겠지요?

또, 특정한 업종에만 집중하는 펀드보다는 다양한 투자 대상을 고려하는 펀드가 좋습니다. 이러한 펀드의 경우 수익률이 안정적이라고 하네요. 주식시장의 전체적인 흐름을 파악할 수 있는 펀드에 가입하는 것이 좋습니다.

마지막으로 그동안 해당 펀드가 어느 정도의 성과를 냈는지와 어떤 전문가가 펀드를 다루는지도 알아야 합니다. 펀드의 수익률은 결국 펀드 매니저의 능력에 달려 있지요. 때문에 어떤 전문가 그룹이 펀드를 관리하는지 꼼꼼히 살펴봐야 합니다. '고기도 먹어본 사람이 잘 먹는다'는 말이 있는 것처럼 펀드도 잘해본 사람이 잘합니다. 이를 위해서 펀드에 가입하기 전 여러 펀드의 수익률을 알아보고, 오랫동안 안정적으로 높은 수익률을 기록했던 펀드를 선택하는 것이 바람직합니다.

주식형 펀드와 채권형 펀드

펀드는 크게 주식형 펀드와 채권형 펀드로 나뉩니다. 이름에서 알 수 있듯, 주식형 펀드는 전체 투자금 가운데 많은 부분을 주식에 투자하고, 채권형 펀드는 대부분 채권에 투자하고 있지요.

앞서 설명했듯이 주식은 기업에 직접 투자하는 방법이고, 채권은 기업에 돈을 빌려주고 이자를 받는 방법입니다. 일반적으로 주식형 펀드와 채권형 펀드는 전체 투자금 중 60%를 각각 주식과 채권에 투자합니다.

주식형 펀드는 일반적으로 높은 수익률을 기대할 수 있지만, 주식시장이 하락하면 큰 손실을 볼 수 있습니다. 이 때문에 '고위험 고수익' 펀드로 통하지요. 반대로 채권형 펀드는 이자를 받는 게 투자의 주목적이기 때문에 안정성은 높지만 수익률은 낮은 편입니다.

따라서 펀드에 가입하기 전에 펀드에 넣을 돈이 이후에 어떻게 쓰일 것인지 확실히 알아둬야 합니다. 잃어서는 안 되는 돈, 예를 들어 대학 등록금이나 생활자금이라면 주식형 펀드에 투자해서는 안 되겠지요. 즉, 원금을 잃을 가능성이 있는 주식형 펀드는 위험합니다. 반대로 위험성은 있지만 모험을 하기 위해 투자하는 돈이라면 주식형 펀드가 알맞습니다. 어느 정도의 위험을 감수할 수 있는지에 따라 주식형 펀드를 충분히 관리할 수 있기 때문이지요.

대부분 주식형 펀드는 연간 7~8% 수준의 수익률을, 채권형 펀드는 4~5% 정도의 수익률을 목표로 합니다. 최근 은행

정기예금 금리가 2%도 되지 않는다는 점을 고려하면 두 펀드는 평균 2배 이상의 수익률을 얻을 수 있는 셈이니 훨씬 이득이지요.

적립식 펀드와 거치식 펀드

펀드는 돈을 넣는 방법으로도 크게 두 가지로 나눕니다. 먼저, 적립식 펀드가 있는데요. 적립식이란 매월 투자금을 일정한 금액씩 넣는 방법을 말합니다. 즉, 원금을 차곡차곡 쌓아가는 방법이지요. 반대로 한 번에 큰돈을 투자하는 방법을 거치식 펀드라고 합니다.

예를 들어, 한 달에 50만 원씩 펀드에 이체하면 적립식 펀드이고, 돈을 따로 모아두었다가 한 번에 1000만 원을 펀드에 이체하는 것은 거치식 펀드입니다.

많은 전문가들은 개인이 펀드 투자를 할 때에는 적립식 펀드를 하기를 추천합니다. 거치식 투자에 비해 위험성이 적고, 장기 투자에 따른 이득을 얻을 수 있기 때문입니다. 거치식 펀드는 가입 시점의 펀드 가격이 얼마나 높고 낮았는지, 또 펀드에서 돈을 뺄 때 펀드 가격에 따라 수익률 차이가 큽니다.

펀드에서 주식을 볼 때 주로 코스피KOSPI 지수를 활용하는

데요. 코스피란 증권거래소에 상장된 기업의 종합주가지수를 말합니다. 쉬운 말로 주가 지수인 것이죠. 만약 코스피 지수가 2000일 때, 1000만 원의 목돈을 펀드에 투자했는데, 환매를 할 때 코스피 지수가 1800으로 떨어졌다면, 대략 10% 정도의 손실이 나게 됩니다.

하지만 적립식으로 매월 50만 원씩 펀드 투자를 하면 상황은 달라집니다. 펀드 가격이 높을 때(코스피 지수가 높을 때) 조금밖에 투자하지 못하지만, 펀드 가격이 낮을 때(코스피 지수가 낮을 때)는 많이 투자할 수 있어 전체적으로 투자금이 낮아집니다. 이것을 '달러 코스트 애버리지Dollar Cost Average 효과'라고 합니다. 즉, 평균 매수(사들이기) 가격이 낮아지는 효과인 것이죠. 이것이 바로 적립식 펀드의 장점입니다.

또한 적립식 펀드를 할 때 장기 투자가 훨씬 쉬워집니다. 모든 전문가들은 장기 투자의 중요성을 강조하는데요. 장기 투자가 왜 중요한지 한번 자세히 알아볼까요?

복리의 힘

장기투자가 중요한 이유는 바로 '복리複利'에 있습니다. 복리를 쉽게 설명하자면, 원금에 붙은 이자에 이자가 또 붙는 것을 말합니다.

예를 들어, 원금 100만 원에 10%의 이자가 붙는다면 1년 후에는 총 110만 원이 되겠지요? 여기에 복리를 적용하면, 2년 후에는 10만 원의 이자에 10%의 이자가 또 붙어 총 121만원이 됩니다. 만약 단순히 원금에 이자가 붙는 방식인 '단리單利'가 적용되면 2년 뒤에는 120만 원이 되지요.

이렇게 처음에는 복리와 단리의 차이가 작아보여도 시간이 갈수록 그 차이는 훨씬 커집니다. 이것이 바로 복리의 힘이죠. 만약 1000만 원에 10%의 이자가 붙는 조건이라면, 복리에서는 10년 후 2593만7000원을, 단리에서는 2000만 원을 얻게 됩니다. 10년 만에 단리와 복리의 수익률 차이가 60%나 나는 셈이지요.

복리의 힘을 얘기할 때 빠지지 않는 일화가 있습니다. 바로 인디언과 네덜란드 상인의 이야기인데요. 1626년 현재 미국 뉴욕의 맨해튼 섬을 두고 인디언과 네덜란드 상인이 거래를 했다고 합니다. 과연 인디언은 얼마에 맨해튼 섬을 내주었을까요? 단돈 24달러라고 합니다.

누가 봐도 인디언들이 맨해튼 섬을 거저 판 셈이죠. 그런데 만약 인디언들이 24달러를 연 8%의 복리 상품에 투자했다면 어떻게 되었을까요? 결과는 완전히 달라집니다. 24달러에 붙은 원리금(원금과 이자)에 복리를 적용하면 24달러가 현재 엄청나게 큰돈이 되기 때문이지요. 실제로 계산해 보면, 당시 인디언이 받았던 24달러가 350여 년의 시간 동안 복리의 혜택을 받으면 1988년 기준 30조 달러가 된다고 하네요. 같은 해 맨해튼 섬의 전체 땅값이 562억 달러라고 하니, 무려 맨해튼 섬을 530여 개나 살 수 있는 돈입니다.

복리는 이처럼 시간이 흐르면서 엄청난 힘을 발휘합니다. 따라서 투자 전문가들이 시간을 자기편으로 만들 수 있는 장기 투자를 권하는 것이지요. 이러한 복리의 힘은 오래전부터 유명했습니다. 세계적인 천재 물리학자 아인슈타인은 복리를 두고 "인간이 만들어 낸 가장 위대한 발명, 복리야말로 우주에서 가장 강력한 힘이다"라고 평가하였다고 합니다.

위험과 수익률

만화나 동화에 나오는 보물섬은 항상 어디에 있을까요?

맞습니다. 항상 위험한 곳에 있죠. 주인공이 보물섬의 보물을 찾기 위해서는 온갖 어려움을 이겨내야만 합니다. 경제에서도 마찬가지입니다. 높은 수익을 얻으려면 반드시 위험을 무릅써야 하지요. 영어에 '도전하지 않으면 수입도 없다No Venture, No Income'는 말도 있듯이, 위험을 감수하지 않으면 큰 성과를 거두기 어렵습니다. 심마니는 산삼을 찾으러 깊은 산속으로 들어가지요. 산삼이 깊은 산속에서 자라기 때문입니다. 깊은 계곡을 건너기도 하고 낭떠러지를 만나기도 하지만 산삼을 찾는 데에는 이유가 있습니다. 바로 산삼이 다른 삼보다 가치가 있기 때문이지요.

어쩌면 세상의 모든 선택은 이렇듯 위험과 이익의 중간점을 찾는 문제일지도 모릅니다. 예를 들어, 윷을 던졌을 때 가장 많이 나오는 건 아무래도 '개'이겠지요? 윷이나 모는 좀처럼 나오지 않습니다. 내기를 한다면 윷이나 모에 거는 것보다 개를 선택하는 게 나을지도 모릅니다. 하지만 개에 많은 사람이 몰릴 테고, 내기에 이겨도 돈을 나눠 가져야겠지요? 반면, 윷이나 모에 돈을 걸었다면 개에 돈을 건 사람보다 이겼을 때 많은 돈을 받을 수 있지만, 반대로 돈을 잃을 가능성도 커지지요.

이와 같이 위험과 수익은 정반대로 움직입니다. 수익이 크면 위험도 크고, 위험이 작으면 수익도 작을 수밖에 없습니다. 수익이 큰 곳에는 항상 이런 고수익을 좇는 경쟁자가 많이 모여들게 마련입니다. 경쟁자가 많다는 것은 그만큼 목표로 한 결과를 이루기 어렵다는 뜻이죠. 반대로 수익이 적은 곳은 경쟁도 치열하지 않아, 조금만 노력해도 성과를 얻을 수 있지만, 결과물이 그리 크지 않습니다.

투자의 세계에는 이 같은 '고위험 고수익'과 '저위험 저수익'이라는 두 가지 원칙이 작동합니다. 주식의 경우, 회사가 잘되면 이익을 함께 나눌 수 있지만(고수익), 망하면 책임을 같이 지는 까닭(고위험)에 대표적인 '고위험 고수익' 상품으로 꼽히지요.

반대로 채권은 회사가 잘되든 못되든 정해진 이자만 받을 수 있어 주식에 비해 '저위험 저수익' 상품으로 평가받죠. 나아가 은행 예금은 예금자보호법으로 보호받기 때문에 안전하지만, 대신 이자가 적은 대표적인 '저위험 저수익' 상품입니다.

월드컵 열기가 한창인 가운데 석완이네 반에서도 재미 삼아 경기 결과를 두고 내기가 걸렸습니다. 어느 팀이 이번 월드컵 대회에서 우승할지 맞춰보는 것이죠. 상철이는 전통의 강호 브라질을, 태화는 축구 종주국 영국이 우승할 거라고 예상했습니다. 또 민철이는 미국을, 평소 우리나라를 사랑한다는 민석이는 한국을 우승팀으로 걸었습니다. 그럼 석완이는 어느 나라를 우승팀으로 거는 게 유리할까요? 많은 친구들이 우승팀으로 예상한 브라질에 건다면 상금을 타더라도 친구들과 나눠야 하니까, 석완이 몫은 당연히 적어지지요. 반대로 아무도 선택하지 않은 스웨덴에 건다면 어떨까요? 스웨덴이 이기기만 한다면 내기에 건 돈은 모두 석완이 몫일 겁니다. 참 쉽지 않은 문제죠?

16

어려울 때
힘이 돼주는 친구,
보험!

생활 속의 지혜, 보험 ——

보험과 복권, 둘 중에 어느 것이 더 이득일까? ——

토요일 이른 아침부터 석완이 전화가 연신 울려대네요. 누군가 하고 봤더니 소문난 '골잡이' 석완이를 찾는 상철이 전화입니다.

"석완아, 우리 2반 애들하고 축구하기로 했는데, 너도 나올래? 축구에 네가 빠질 수 없지!"

석완이도 축구를 하고 싶었는지 바로 나가겠다고 합니다.

"11시에 시작한다고? 그래, 늦지 않게 갈게!"

축구 경기가 시작됐습니다. 초반부터 두 팀의 기싸움이 월드컵 경기 못지않네요. 그도 그럴 것이, 경기에서 지는 팀이 떡볶이, 순대, 팥빙수까지 사기로 했거든요.

상철이가 볼을 빼앗아 드리블을 하더니 골대 앞으로 달려오는 석완이에게 패스합니다. 골키퍼와 마주한 석완이! 슬쩍 몸을 왼쪽으로 트는가 싶더니 어느새 오른쪽으로 방향을 바꿔 공을 골인시키네요. 1대 0입니다.

석완이가 골을 넣자마자, 2반에서 덩치가 가장 큰 민철이가 석완이 전담 수비수가 되었습니다. 전반전 시간이 얼마 남지 않았을 때, 태화가 골문 근처에서 공을 높이 찹니다. 이를 놓칠세라 석완이가 뛰어올랐습니다. 석완이의 헤딩슛이 성공하면서 이제 승부는 2대 0이 되었습니다.

그런데, '뚝' 소리와 함께 석완이가 운동장을 나뒹굽니다. 헤딩슛을 하기 위해 민철이와 몸싸움을 벌이다가 그만 발목을 접질리고 만 것이죠.

뜻하지 않게 다친 석완이는 병원에 일주일이나 입원해야 했습니다. 깁스 치료를 받느라, 적지 않은 병원비가 나왔죠. 석완이는 모든 게 자기 잘못인 거 같아 마음이 무거웠습니다. 다행이 석완이 아빠가 석완이가 다쳤을 때를 대비해 보험을 들어놨다는군요. 덕분에 보험료로 병원비를 낼 수 있었습니다. 석완이는 보험이라는 것이 뭔지 궁금해지기 시작했습니다.

보험은 어떻게 생겨났을까?

보험은 뜻하지 않은 사고에 대비해 조금씩 준비를 해뒀다가 실제 사고가 났을 때 보상을 받는 제도를 말합니다. 보험保險이라는 한자를 풀어보면 '위험에서 보호한다'는 뜻이죠.

보험은 사고의 종류에 따라 그에 대비하는 사람들의 돈을 조금씩 모읍니다. 그 다음, 공동자금을 마련하여 실제 사고를 당한 사람에게 약속된 보상금을 지원하지요. 최근 위험 사고가 잦아지면서 의료보험, 자동차보험은 물론, 상해보험, 화재보험, 교육보험, 연금보험, 상조보험, 예금자보험 등 보험의 종류가 셀 수 없이 많아졌습니다. 보험에 보험을 둔 '재보험'도 있을 정도이지요.

우리나라 전통문화 중에 '두레'와 '계'가 보험과 비슷합니다. 두레는 농촌에서 농부들이 마을의 농사일을 서로 도와주는 '상부상조' 조직입니다. 계는 서로 돈을 모으거나 친목을 도모하기 위해 만든 조직이지요. 두레와 계가 보험과 완전히 같다고 할 수는 없습니다. 하지만 함께 모여 서로 이득을 얻는다는 점에서 공통점이 있지요.

그렇다면 보험은 어떻게 생겨났을까요? 기원전 1000년경, 솔로몬 왕은 상인들로부터 돈을 받아 놓았습니다. 그리고 사고를 겪어 형편이 안 좋아진 선원들을 도와주었다고 합니다. 많은 사람들은 이것을 보험에 관한 첫 역사 기록으로 보고 있습니다. 이렇듯 보험은 알게 모르게 오랫동안 경제생활의 일부로서 자리하고 있었습니다. 지금과 같이 제도로서 정착한 시기는 유럽에 해상무역이 발달하면서부터입니다.

17세기 유럽의 세계 무역이 본격적으로 시작됐을 때, 운송 수단으로는 배가 유일했습니다. 그런데 배는 항상 좌초, 난파,

해적 같은 여러 위험에 노출되어 있었죠. 한번 사고가 나면, 선주는 엄청난 손해를 입었습니다. 때문에 어떻게 하면 위험을 줄일 수 있을까 하고 사람들이 머리를 맞대기 시작했지요.

"누구나 사고는 당할 수 있으니, 우리가 조금씩 돈을 모아두었다가 사고를 당한 사람을 도와줍시다. 사고는 누구에게든 날 수 있지요. 조금씩 모으면 그리 큰 부담이 되지 않을 겁니다. 그리고 사고를 당한 사람에게는 큰 도움이 되지요."

어느 똑똑한 상인이 이런 제안을 했고, 많은 사람들이 뜻을 같이하면서 보험 제도가 정착되기 시작했습니다. 이후 보험이 발달하면서, 보험금을 얼마만큼 내면 좋을지, 보험 규모는 얼마나 커야할지가 정해졌습니다. 시간이 지나면서 보험에 대한 수요가 계속 증가했고, 보험을 전문으로 하는 금융회사인 보험사도 탄생하게 됐습니다.

보험의 숨은 확률과 '대수의 법칙'

　누구나 사고를 당할 수 있지만, 누가, 언제, 어떻게 사고를 당할지는 아무도 알 수 없습니다. 그렇다면 만약 보험에 가입한 사람이 한꺼번에 사고를 당하는 경우는 없을까요? 아무리 보험사라고 해도 이럴 경우 한 번에 많은 보험금을 주기는 무리일 겁니다. 그렇다면 보험사는 어떻게 보험을 파는 걸까요?

　보험에는 정교한 수학의 원리가 작용합니다. 바로 확률입니다. 사고가 날 확률 말이죠. 화재보험의 경우, 1000개의 회사가 공장에 불이 날 것에 대비해 화재보험에 들었다고 가정해보지요. 이 가운데 실제 공장에 불이 나는 경우는 1년에 한두 번밖에 되지 않을 겁니다. 즉, 보험 사고가 발생할 확률이 0.1~0.2% 정도밖에는 되지 않는 셈이죠. 보험사는 이 사고 확률을 바탕으로 보험 가입자에게 '보험료'를 거둬들여, 실제로 사고가 난 가입자에게 보험금을 지급합니다.

　보험에는 또 '대수의 법칙'이 작용합니다. 이 법칙은 확률의 확정된 개념으로 보면 됩니다. 대수는 말 그대로 '큰 수'라는 뜻이죠. 예를 들어, 주사위를 6번 던지면 3이라는 숫자가 나올 확률은 6분의 1입니다. 하지만 실제로 6번 던졌을 때 3이 3번 연속 나올 수도 있고, 어쩌면 한 번도 나오지 않을 가능성도 있습니다. 이때 3이 3번 나왔다고 해서 확률이 50%라거나,

한 번도 나오지 않았다고 해서 0%라고 하면 완전히 틀린 결과가 됩니다. 몇 번만 던졌을 때는 확률에 오차가 발생할 수 있기 때문이죠.

이번에는 주사위를 6번이 아니라, 6만 번 던졌다고 생각해볼까요? 아마 3이라는 숫자가 나오는 숫자는 6분의 1에 아주 가까워질 겁니다. 대략 9000~1만1000번 정도 3의 숫자가 나오겠죠. 만약 600만 번을 던진다면, 3이 나오는 숫자는 훨씬 더 6분의 1에 가까운 97만~103만 번 사이에 있게 됩니다.

이렇게 여러 번 반복하면 확률은 결국 평균에 가까워지게 됩니다. 이를 대수의 법칙이라고 하죠. 보험에는 이런 대수의 법칙이 작용하는데, 예를 들어 보험사는 한두 명의 사고 확률이 아니라 많은 사람(대수)의 사고 확률과 그동안 쌓아온 데이터를 바탕으로 사고 확률을 계산합니다. 이를 근거로 보험사는 적정한 보험료를 책정하고, 사고가 났을 때 약속된 보험금을 지급하면서도 회사에 필요한 비용을 충당할 수 있습니다. 만약, 이 대수의 법칙을 이해하지 못하고 막무가내로 사고 확률을 예상해 보험료를 책정하고 보험금을 준다면 보험사는 쉽게 망할 수 있습니다.

역선택과 모럴 해저드

보험은 대수의 법칙에 따른 '사고율'을 계산하면 적정한 보험료(보험회사에 일정 기간을 정해 놓고 지급하는 돈)와 실제 사고가 발생했을 때 받을 수 있는 보험금(보험회사가 보험에 가입한 사람에게 지급하는 돈)을 계산할 수 있습니다. 보험사는 그 동안의 경험(시뮬레이션)과 환경의 변화를 통해 새로운 보험 상품을 개발해 판매하고, 가입자는 보험에 가입하는 방식으로 다양한 위험을 피해갈 수 있습니다. 하지만 아무리 완벽해 보이는 보험 상품을 개발했다고 하더라도 보험제도의 근간을 위협하는 위험도 있습니다. 바로 역선택adverse selection과 모럴 해저드moral hazard입니다.

역선택은 거래 당사자들이 가진 정보의 불균형 때문에 발생합니다. 특정 보험에 가입하고자 하는 사람들은 자신이 해당 위험에 많이 노출돼 있다는 사실을 잘 알고 있지만, 보험사는 가입하려는 고객에 대한 정보가 부족한 상황을 가정해 보죠.

예를 들어, 가족 가운데 위암에 걸렸던 사람들이 많은 사람은 위암 보험에 가입하려는 수요가 많을 겁니다. 반대로 가족 가운데 암이라는 질병에 걸렸던 사람이 아무도 없는 경우라면 위암 보험에 가입하려는 동기가 떨어지겠죠. 결과적으로 위암에 걸릴 가능성이 높은 사람만 보험에 많이 가입하고, 실제 위암에 걸린 고객이 많아져서 보험사가 지급해야 하는 보험금이 많아지는 부작용을 예상해 볼 수 있습니다. 보험사는 이런 역선택에 따른 보험사의 수익구조 악화를 가장 우려합니다. 이 때문에 다양한 고객 정보를 수집하는 방식으로 정보의 불균형을 해소하기 위해 노력하고 있지만, 정보의 불균형을 완전히 해소시키기는 힘듭니다.

이런 역선택은 정보 비대칭성이 많은 중고차 거래 시장에서도 자주 발생합니다. 중고차를 팔려고 하는 사람은 해당 차의 사고 이력이나 주행 거리, 수리 경력, 엔진 상태 등에 대해 아주 잘 알고 있습니다. 반대로 중고차를 사려는 사람은 겉으로 보이는 외관 외에는 중고차의 가치를 결정하는 중요 정보에 대해 알기 어렵죠. 결과적으로 중고차 시장의 이런 정보 불균형은 중고차를 사려고 하는 사람들에게 아주 불리한 시장 환경을 만들게 됩니다. 겉으로 보기엔 아주 맛있는 레몬처럼 보였지만, 정작 레몬을 사 한 입 베어 먹었더니 달기는커녕 떫고 쓴 싸구려 제품인 경우가 많습니다. 이에 빗대어 미국에선 중고차 거래 시장을 '레몬 시장Lemon Market'으로 부릅니다. 또 이런 부작용을 막기 위해 정확한 정보를 제공하지 않은 사람을 징계하는 법안을 마련해 놓기도 했습니다.

모럴 해저드 역시 보험시장을 왜곡하는 요인으로 꼽힙니다. 모럴 해저드는 윤리적으로나 경제적, 법적으로 자신이 마땅히

해야 할 일을 다 하지 않는 행위를 말합니다. '도덕적 해이'를 뜻하는 모럴 해저드는 사실 도덕적 관점에서 나온 용어지만, 보험 시장에서 더 빈번하게 사용될 정도로 자주 발생하는 경제적 문제입니다.

보험 사고를 가장한 '보험 사기'는 가장 대표적인 모럴 해저드 행위라고 할 수 있습니다. 보험금을 타기 위해 가짜로 자동차 사고를 내거나 가까운 사람을 살해했다는 소식을 신문이나 방송을 통해 자주 접했을 겁니다. '돈 때문에 어떻게 저런 일까지 벌일 수 있을까?'할 정도의 다양한 보험 사기들이 현실 세계에서는 많이 발생하고 있습니다.

보험에 가입해 있기 때문에 특별히 더 위험한 상황을 자초하는 경우도 발생할 수 있습니다. 화재 보험에 가입하지 않은 사람은 화재 발생에 대비해 스프링클러를 설치하고 불이 나지 않도록 건물 관리에 더 많은 신경을 쓰고 조심하게 마련입니다. 반대로 화재보험에 가입한 사람은 '불이 나면 보험금을 받을 수 있는데…'라는 생각으로 건물 관리를 방치할 수 있습니다. 보험 가입자들의 이런 모럴 해저드는 사고를 유발해 보험사가 예상한 것보다 훨씬 더 빈번한 사고를 일으키고, 경제적 손실을 초래하는 요인이 되기도 합니다.

생명보험과 손해보험

　보험은 크게 생명보험과 손해보험으로 나뉩니다. 생명보험은 가입자의 사망에 대비한 금융상품이지요. 생명보험에서는 보험 가입자가 사망했을 때 보험사가 약속한 보험금을 지급합니다. 보험 가입자가 매월 일정한 보험료를 납부하면, 보험사를 이것으로 주식과 채권 등에 투자했다가 이후 가입자가 사망, 즉 보험 사고가 일어나면 약속된 돈을 주는 것입니다.

　생명보험의 보험료는 가입자의 연령, 건강 상태, 생활 습관에 따라 달라집니다. 예를 들어 오랫동안 담배를 피워왔던 사람과 그렇지 않은 사람은, 같은 나이라고 하더라도 보험료가 달라지지요. 예상했겠지만, 담배를 피우는 사람이 더 많은 보험료를 내야 합니다. 흡연자가 비흡연자보다 보험 가입 기간 동안에 사망할 확률이 크기 때문입니다. 같은 이유로 20대 가입자와 60대 가입자에게 똑같은 보험료가 정해지지 않습니다. 만일 사망 시점에 똑같은 보험금을 받고 싶다면, 60대 가입자가 20대 가입자보다 훨씬 더 많은 보험료를 내야 하지요.

　보험 사고가 났을 때 보험금은 보험료에 따라 달라집니다. 비싼 보험에 가입한 사람은 많은 보험금을 받고, 저렴한 보험에 가입한 사람은 그만큼 보험료가 적지요. 보험 사고가 일어났을 때, 그동안 보험료를 얼마나 냈는지는 중요하지 않습니다. 사고가 났을 때 받기로 약속한 금액이 중요하지요. 이 때문에 비싼 보험을 여러 개 든 후, 사고를 위장해 보험금을 챙기려는 '보험사기'가 종종 일어납니다. 보험료는 한두 번만 내고 말이죠. 때문에 보험사에서는 보험 사고가 일어났을 때 보험사기가 아닌지 면밀히 조사한 후, 사기가 아닌 경우에 보험금을 지급하고 있습니다.

다음으로 손해보험은 귀중품, 건물, 신체 등 '손해'를 볼 수 있는 것을 보험 대상으로 합니다. 엄밀히 따지자면 생명보험 역시 사망에 따른 손해를 보상해준다는 점에서 손해보상으로도 볼 수 있지요.

그중 신체에 대해서 말하자면 신체 관련 손해보험은 일반적인 경우가 아닙니다. 예를 들어 유명한 축구선수에게는 자신의 다리가 곧 재산이지요. 때문에 다리를 다쳤을 때를 대비해 신체 관련 손해보험에 가입할 수 있습니다. 실제로 아름다운 각선미를 자랑하는 한 여배우가 자신의 다리가 다쳤을 때를 대비해서 일명 '다리' 보험에 가입했다고 하네요.

그럼 일반적인 손해보험에는 어떤 게 있을까요?

손해보험 가운데 가장 대표적인 건 자동차보험입니다. 우리나라의 자동차 등록 수만 해도 2500만 대가 넘어서면서 관련 사고는 갈수록 증가하는 추세입니다. 2021년 한 해에만 우리나라에서 자동차 사고로 숨진 사람만 2900명이 넘는다고 하네요. 교통사고로 다친 사람까지 포함하면 30만 명이 넘을 정도로 자동차 사고가 많이 일어나고 있습니다.

이렇게 교통사고로 인한 피해가 막대하고, 또 누구나 교통사고에서 자유로울 수 없기 때문에 정부에서는 자동차를 가진 사람에게 자동차보험을 의무적으로 가입하도록 하고 있습니다. 자동차 사고가 났을 때 보상이 반드시 이뤄질 수 있어야 하기 때문이지요. 만약 자동차보험에 가입하지 않은 운전자가 차를 몰다가 사고를 일으켰을 때, 보상을 하지 못한다면 어떻게 될까요? 막대한 피해가 발생하겠지요? 때문에 자동차보험을 의무로 두게 한 것입니다.

이외의 귀중품이나 건물 등에 대한 손해보험은 보통 보험자가 알아서 가입하는 방식입니다. 특히 건물 같은 경우, 화재가 나면 큰 피해를 보기 때문에 미리 손해보험에 가입하는 사람들이 많습니다.

정액보험과 변액보험

보험금은 사고가 발생했을 때에 보험회사가 보험 가입자에게 지급하기로 한 돈을 말합니다. 보험금은 보험에 가입할 때, 가입자가 어느 정도의 보험료를 일정 기간 내겠다는 전제하에 정해지지요. 일반적으로 보험 사고가 발생했을 때 받는 보험금은 미리 정해진 '정액보험' 형태로 운영됩니다.

정액보험은, '정'한 보험금'액'이 있는 보험이라는 말입니다. 그런데 요즘에는 정액보험과 반대로 일정 보험금이 정해져 있지만, 추가로 보험금을 더 받을 수 있는 보험이 인기를 끌고 있습니다. 이른바 보험 가입자가 낸 보험료를 보험사가 어떻게 투자했느냐에 따라 보험료가 달라지는 '변액보험'입니다. 바로, '변'하는 보험금'액'이라는 뜻이지요.

앞서 말했듯이, 보험은 여러 가입자가 낸 보험료를 보험사가 여러 곳에 투자하지요. 그리고 그 투자금의 일부를 보험 사고를 당한 사람에게 지급합니다. 일반적으로 정액보험에서는 보험사가 투자 수익을 가져가지만, 대신 투자 손해가 날 경우 보험사가 그 손실을 메꿉니다. 때문에 보험 가입자가 받게 되는 보험금은 미리 정해놓은 금액 그대로이지요.

변액보험은 이와 반대로 보험사가 보험료를 투자했을 때 발생하는 이익이나 손실에 따라 보험금이 달라집니다. 보험사가 보험료로 수익을 봤다면, 보험 가입자도 보험금을 더 받습니다. 하지만 보험사가 손해를 봤다면, 보험금도 줄어들지요. 앞에서 배운 펀드 투자와 비슷한 개념입니다.

변액보험이 요즘 인기를 끌게 된 것은, 변액보험이 보험 가입과 펀드 투자라는 두 가지 장점을 모두 가지고 있기 때문입니다. 보험에 가입한 고객 입장에서는 보험 가입과 동시에 펀드에 장기 투자한 셈이지요. 반대로 보험사 입장에서는, 펀드로 몰릴 수 있는 고객의 자금을 보험으로 끌어들일 수 있고, 또 투자에 따른 손실이 발생했을 경우 회사가 입게 되는 피해를 피할 수 있다는 장점이 있죠. 이렇게 최근에는 보험은 물론 펀드, 채권, 예금 등 주요 금융상품의 장점만을 묶은 '하이브리드 Hybrid', 즉 여러 가지 기능이 하나로 합쳐진 형태의 금융상품이 인기를 끌고 있습니다.

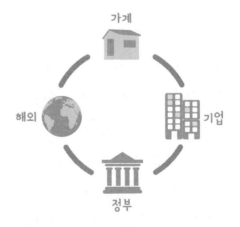

보험과 복권

보험과 로또, 언뜻 아무런 연관성이 없어 보이지요? 하지만 보험과 로또가 작동하는 원리는 서로 비슷합니다. 바로, 확률을 바탕으로 한다는 것이죠.

보험은 사고가 날 확률을 바탕으로 만들어지는 상품입니다. 가입자가 많아질수록 예측 가능한 결과가 나타난다는 사실을 근거로 작동하죠. '대수의 법칙'에 따라 적은 수의 사고는 예측이 불가능하지만, 많은 수의 사고는 확률을 어느 정도 예측할 수 있지요.

보험 사고가 발생해 실제로 보험금을 지급하게 되는 확률을 손해율이라고 합니다. 보험사를 운영하려면 적어도 손해율이 80% 아래로 유지되어야 합니다.

만약 손해율이 지속적으로 100%를 넘어선다면, 보험사는 보험 가입자가 납부한 보험료로는 보험금을 충당하지 못해 파산할 수밖에 없습니다. 반대로 손해율이 70% 이하로 떨어지면 보험사가 큰 이익을 얻을 수 있지만, 정부에서는 이렇게 손해율이 낮은 보험 상품은 판매를 허가하지 않습니다. 자칫 보험 가입자만 손해를 보고, 보험사 배만 불릴 수 있기 때문이죠.

실제 의무적으로 가입해야 하는 자동차보험의 경우, 정부에서는 매년 전년의 손해율을 근거로 보험사의 보험료 인상·인하 여부를 결정합니다. 자동차 보험 가입을 의무로 하는 대신 보험사에는 적정 수준의 이윤을 보장해 주고, 보험 가입자는 피해를 보지 않도록 하고 있는 셈이죠.

보험에 손해율이 있다면 복권에는 '환급률'이 있습니다. 복권을 판 돈 가운데 어느 정도를 복권 당첨자에게 줄 것인가가 바로 환급률입니다. 복권 중에 유명한 로또의 경우, 환급률이 평균 45% 정도로 낮은 편입니다. 이러한 이유는 복권사업을 아무나 할 수 없게 정부에서 규제하기 때문입니다. 정부가 직접 발행하거나 법적으로 허가받은 소수의 복권만 발행할 수 있는 것이죠. 예를 들어, 1억 원어치의 로또가 팔렸다면 4500만 원 정도만 로또 당첨금으로 당첨자에게 주고, 나머지 6500만 원은 로또 운영비, 사회소외계층을 위한 후원 기금으로 쓰이는 것입니다. 즉, 1만 원어치의 로또를 샀다면, 그중 4500원만 자신이 갖는 셈이지요.

이렇게 복권의 환급률이 낮기 때문에, 복권을 사는 사람은 평균적으로 손해를 볼 수밖에 없습니다. 1등에 당첨되는 몇 사람만 상금을 독식하기 때문에 상금이 많은 것처럼 느껴질 뿐, 전체 로또 구입자는 보통 손해를 보는 구조이죠. 그만큼 복권은 승산이 없는 게임입니다.

어린이 보험, 어떻게 가입할까?

어린이는 성인에 비해 야외 활동이 많고 위험에 약해, 훨씬 더 많은 사고에 노출돼 있습니다. 병원에 갈 일도 훨씬 많지요. 이 때문에 최근에는 어린이를 대상으로 한 어린이 전용 보험 상품이 개발돼 활발히 판매되고 있는데, 여기에는 몇 가지 가입 원칙이 있습니다.

우선 어린이보험은 크게 저축형과 보장형 두 가지로 나눠볼 수 있습니다. 저축형은 말 그대로 저축을 할 수 있는 보험 상품으로, 대표적으로 교육보험과 어린이 변액보험이 있습니다. 위험이나 상해에 대한 보장보다는 목돈을 마련하는 데 중점을 두고 있지요. 때문에 보험료가 비교적 비싼 편입니다. 물론 나중에 돌려받는 돈이 많지요.

보장형은 저축형과 반대로 보면 됩니다. 보장형으로는 어린이 상해보험과 어린이 질병보험이 대표적이지요. 보장형은 어린이가 실제로 상해를 입었을 때 의료비 등을 보상받는 보험입니다. 보험료는 저렴하지만 만기 후에 돌려받는 금액이 아주 적거나 아예 없는 경우도 있지요. 이러한 특징을 바탕으로 저축형에 가입할지, 보장형에 가입할지를 정해야 합니다.

저축형과 보장형의 보험료 차이가 크다면 보장형을 우선 가입하는 게 좋습니다. 일반적으로 저축형 상품은 다른 어린이 펀드나 저축형 금융상품에 비해 수익률이 낮습니다. 때문에 먼저 보장형

보험을 들고, 이후 저축형 보험에 드는 게 좋은 것이죠.

어린이보험은 어디에서 가입하느냐에 따라 다르기도 합니다. 생명보험을 주로 하는 생명보험사와 손해보험을 주로 하는 손해보험사의 상품을 꼼꼼히 비교해 보는 것이 좋습니다. 일반적으로 어린이 사고의 대부분이 상해 등 생활 속에서 일어나는 경우가 많기 때문에 손해보험사 쪽이 유리한 편입니다. 물론 생명보험사도 장점이 있지요. 생명보험사 상품은 손해보험사에 비해 상대적으로 보험료가 저렴합니다.

마지막으로 어린이에게 흔히 발생하는 각종 질병과 사고 등에 대해 종합 보장되는 보험이 좋습니다. 특히 감기, 폐렴, 장염, 골절 등 자주 일어나는 질병이나 사고에 대해 충분히 보상해 주는지 살펴보아야 합니다.

이처럼 여러분의 부모님은 다양한 상품을 비교 분석하여 여러분을 위한 맞춤 어린이보험에 가입해 두었지요. 보험은 여러분이 어렸을 때부터 함께 해온 동반자나 다름없습니다.

어젯밤, 석완이 꿈속에 황금 돼지 6마리가 나타났습니다. 돼지 6마리는 모두 모자를 쓰고 있었는데, 모자에는 각기 다른 숫자가 적혀 있었습니다.

꿈에서 깨어난 석완이는 엄마에게 꿈 이야기를 전해줬습니다. 그러자 엄마는 "석완이가 돼지꿈을 꿨네! 당장 복권 사러 가자"고 말합니다. 엄마가 석완이에게 숫자를 기억해 보라고 하네요. 이런 경우, 석완이가 로또를 사서 자신의 행운을 시험해 보는 게 좋을까요? 아니면 그저 꿈일 뿐이니 넘겨 버리는 게 좋을까요? 여러분의 생각은 어떤가요?

개정증보판 경제는 내 친구

개정증보판 1쇄 발행 2023년 8월 10일
개정증보판 3쇄 발행 2024년 8월 25일

지은이 정광재, 박경순
펴낸이 이윤규

펴낸곳 유아이북스
출판등록 2012년 4월 2일
주소 (우) 04317 서울시 용산구 효창원로 64길 6
전화 (02) 704-2521
팩스 (02) 715-3536
이메일 uibooks@uibooks.co.kr

ISBN 979-11-6322-100-5 43320
값 16,800원

모델명 개정증보판 경제는 내 친구
제조연월 2024. 8. 25   **제조자명** 유아이북스   **제조국명** 대한민국
주소 서울시 용산구 효창원로 64길 6 일진빌딩 **전화번호** 02-704-2521